うちの3姉妹

松本ぷりっつ

1

主婦の友社

「うちの3姉妹」ワールド

３姉妹の母、ぷりっつです。
「うちの３姉妹」ワールドにようこそ！
あっちでワイワイ、
こっちでワイワイと
今日も元気な３姉妹を
どうぞよろしく。

ようちえん
たのしいよ!!
幼稚園バスで10分の
ところにある長女の幼稚園。
元気に通ってるよ。
広い公園
日曜日にお父さんと
よく行く公園。
とっても広くて
楽しいのだ。
３姉妹劇場の発信地。
毎日ドタバタと大さわぎです。
ご近所のみなさん、ホント
すみません。
3姉妹のおうち
たっどぅーん
中庭には
アヒルさんが
いるよ。

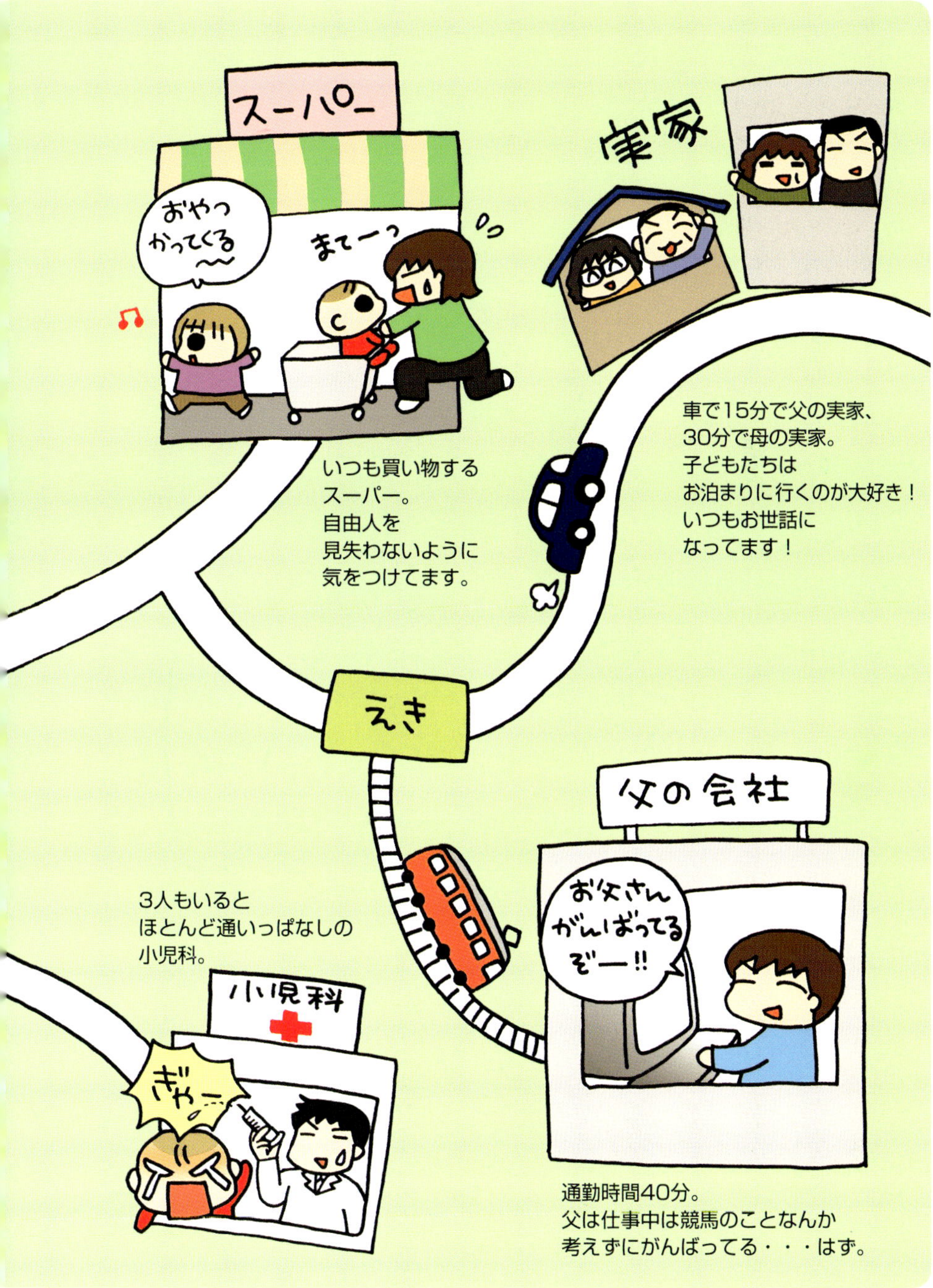
スーパー
おやつかってくる〜
まてーっ
いつも買い物するスーパー。自由人を見失わないように気をつけてます。
実家
車で15分で父の実家、30分で母の実家。子どもたちはお泊まりに行くのが大好き！いつもお世話になってます！
えき
父の会社
お父さんがんばってるぞー!!
通勤時間40分。父は仕事中は競馬のことなんか考えずにがんばってる・・・はず。
3人もいるとほとんど通いっぱなしの小児科。
小児科
ぎゃー

登場人物紹介
長女

まだ若く、
子育てに理想や希望ばかりが先走っていた
両親の気合の入った育児を一身に受け、
一応長女らしく、責任感があり、まじめで、
慎重な性格に育つ。
しかし彼女の困ったところは、

頭のネジがひとつとれて、
かわりになめこでも使われているのでは
なかろうかと思わせるほどの
ボケっぷりである。

ひとつのことに集中すると
まわりが見えなくなるタイプであり、
また、おそらく妄想癖があるので、
妄想スイッチが入ると
もうダメダメである。

しゃべる内容もまだ幼くて、
たいていがちんぷんかんぷん。
本人は一生懸命
しゃべってくれているんだけど、
ボキャブラリーに誤りが多すぎることと、

記憶力がゆがんでいる
(今日のことは覚えていないのに、
急に2年前の話とかをしだす) ために、
理解不能なパターンが多いのだ。

たとえば今日。
夕飯のデザートに柿を出したとき。

5歳のくせに柿も知らんのか・・・と
母がっくし。

で、そのあと柿をすべらせた長女が・・・

記憶なくなるの早すぎません!?

((((;゜Д゜)))

しかもそのあと
長女「ああ、これまおちゃんちで
食べたことあるね！(゜ロ゜)」

・・・って、それ3歳のときの話、、、。(ノ´д｀)
知ってんじゃん、、、、。

あと、彼女が急に
「椅子は４脚って数える」とか
インテリなことを言うから、
(幼稚園の先生に聞いたらしい)
「すごいね、よく知ってるね。
お父さんが知らないかもしれないから、
帰ってきたら問題だしてみなよ！」と
言ったら

長女「なんて問題だせばいい？」
母「うちの椅子はいくつでしょう、って。
きっとお父さん『４つ』とか言うよ。
だから、最初に『何脚でしょう』って
言っちゃだめだよ」

すると長女は
めちゃめちゃわくわくした様子で、
「うん、問題だすだす！！」とはりきっていた、
その１分後くらいに

「お父さんになんて問題だすんだっけー！
(゜ -゜)」・・・と。

・・・・１分後

このとりあたま！！！
((((;゜Д゜)))

どうやら、「何脚でしょう」と
言わないようにする、
ということに気をとられすぎて
テンパっていたようです。

で、いよいよ父が帰宅。
父をむかえて、「おかえり」も言わずに
長女が言ったセリフが・・・

新しい単位だな！！
イカか！？(;°Д°)

ってな具合で、
緊張にも弱いうちの長女だった。

登場人物紹介
次女

子育てにも慣れてきて、
長女に比べてかなりぬるい
育児をしてきたおかげで、
次女はかなりの自由人となる。
我が家ではリベロというあだ名が
ついているほどの自由人である。

長女は、親に叱られることとかが
わかってるから行動が慎重なんだけど、
次女はそれがない。

長女はあまりやらない想定外なことを
ケロっとやって・・・

さらりと自由人発言。(; ﾟДﾟ)

ああ、じゃあしかたないか・・・って
思わず納得しそうになるなよ、自分。

スーパーとかで買い物してても
すーっといなくなるのは次女。

「あれ！？　いない！！」と思った瞬間
母はかなりあせる。

で、通路の向こうを見ると

こんな感じである。ヽ(; ´Д｀)ﾉ

・・・おまえは世界の中心かよ！(; ﾟ皿ﾟ)

でもなぜか、そこで強く叱れない。
気が抜けてしまうんだなあ、、、。
次女は得。要領もいいしね。
こっちが本気で怒りそうになると、
さっと逃げていく。
こっちもなんとなく許してしまう。
そんなだから、
悪循環で彼女のリベロ化が進むんですけど。

登場人物紹介
三女

1人目の、時間に余裕があったときの
育児とは違い、
なにかと目が行き届かない三女。
そして、つねに母が忙しいので、
「泣かれちゃ困る」なわけで、
泣かさないようにとなんでも
要求をきいてもらえる三女。
そりゃあ、まずいだろ。
うん、なんかまずい方向に
いってる気はしてる。

もしかして、そろそろ

泣けばいいとか
思ってない？

みんなにかわいがられ、さらに気を使われ。
そりゃ最強にもなりますって。

朝起きたときに、
泣かずに起きるってことはまあ
ほとんどなくて、台所にいる母のところへ
わんわんと泣きながら歩いてきて、
まず「まんま」コール。
これがとにかくうるさい。

しかしパン見せるだけで
終了。(;゜Д゜)

ほんとは泣いてなかったのか？と思わせる
変わりよう。

ここで、ただあげるのもなんかしゃくなので
芸のひとつでもやらせてみようと試みる。

すみません、
まちがってました、私が。
ヽ(; ´Д`)ノ

いいから早くよこせ、と。
そんなめんどくせーこと
させんじゃねーよと。

なので結局パンを無条件で
あげるはめになる。

そして三女は何事もなかったかのように、
一人もくもくとパンを食べる。
歯もろくにはえてないくせに。(`Д´)

一日中、そうやって泣かれては何かを与え、
みたいなことしてる気がする、、、。
いかん、これはいかん。

どんなふうに育つのか考えただけで
ちょっとこわい三女なのでした。

次女の癖

次女は眠たくなると
人の耳たぶをさわるという
ありがちな癖を持つ。
そのときに、したくちびるを吸う。

自分の耳じゃダメなのね。

無意識に人の耳たぶさわってて
あきらかに眠いくせに
昼寝が嫌いで寝ようとはしない。

とか言うくせにまた少したつと

「眠いならお昼寝しな！」と言っても
「やだー！　スー眠くない！」の一点張り。

で、静かになったな、と思って見てみると

利用されている三女。(;゜Д゜)

長女は眠いときタオルで、
３歳くらいにはなくなってたと思う。
次女のこれはいつまでつづくのか、、、。

走る長女

少し前の話になりますが

長女の通う幼稚園に
用事があって行ったとき、
ちょうど年長が運動会のリレーの
練習中でした。

すっとろい長女が一生懸命走っていた。

しかしそのフォームがなんつーか、、、

こんな。

両手をまっすぐおろしたまま走ってるわけ。

いかん！　もうすぐ運動会だというのに
これではいかん！

と思って思わず声をかけたときの出来事。

愛想ふりまいて
どうするとですかーーー
ーーーーーーーーーーー！！

本番じゃなくてよかったけどさ。(´д｀)
びっくりした出来事でした。

妖怪
まんま小僧

出たな妖怪まんま小僧

うちの「まんま」しかしゃべれない三女は
冷蔵庫をあける音を聞くだけで
キッチンにやってくる。

ビニール袋をガサガサやるだけでもくる。

そのたびにまんまを与えるのもなんなので、
少し無視していると自分で探し出す。

少しでも長くこの妖怪を
だまらせておける食品はないか・・・

いかさきとか、するめとか、
そういうのがあると
いいかもしれない。

我が家にはそういうものがなかったので、
いろいろ探した結果見つけたのが

いもけんぴ。
かたいから、ガリガリとかじるのに時間が
かかるだろうと読んだ母。

その後、渡しても渡してもすぐに「まんま～」とおかわりを求めてくる。いもけんぴでは、妖怪は抑えきれないことが判明した１日でした。

しかしこんなチビのくせにいもけんぴを食うとは・・・・・・

食ってなかった。(；´д｀)

かたすぎたか、、、、。

とびます とびます

長女がお絵かき中。

カンパンって大切なんだよ
は?

唐突である。

あまりにも唐突。

なんの前ぶれもなく、
カンパンきたーーーー、です。

ああ、でも何日か前に、
幼稚園で避難訓練があった。
そのときの、先生の話を思い出したんだろうな。

話がとびすぎなのは相変わらずだけど、
長女なりに、ちゃんと先生の話を覚えていて
母に発表できたのだ。
これは成長だわ。
と同時に、

災害について興味を持っている
ということだ。

こういうタイミングで、
災害の話とかするといいかもしれない!

そうだね~
もし大きい地震とかきたら、こわいからね!!

フーちゃんねぇ、ハンカチでバナナつくれるよ
もう違う話題?!!

早い、あまりにもきりかえが早すぎる。
((（;゜Д゜)))
話題のとびかた、天下一品。

だいたい、自分で質問しておきながら
答え聞いてない子だからね、、、。

やりたいように やる

最初にも書いたけど、
長女にはすごく厳しくいろいろ言ってきた。

だから長女は、親がどんなとき怒るかとか
わかってるから、気をつけて生きている、
と思う。

別に、次女だから
甘くしたわけじゃないんだけど
次女は、長女が叱られる場面を見てるから

「叱られ回避」がとっても上手。

要領がいいのよね。
次女はほんとに得だな、
と思う場面がたくさんある。

そんなわけで、親も、
「まあいいか」ですませてしまうことが
多いので長女と比べたら次女は
ぜんっぜん叱られない。

そりゃあ、自由人にもなります。
こないだも、
外遊びでどろんこになって帰ってきて、
汚いのでご飯の前に風呂、
ということにした。

えっ。なに、
その「一歩ひいてやるか」みたいな態度。
(-"-)

悪気はなくて、やりたいようにやっている。
それが次女。

買い物に行ったときも、

三女におやつをあげようと思ったときも、

そして出かけようと思ったときも、

やつはそうやって、自由きままに
生きているのである。

お茶こぼして一言

次女がお茶を飲もうとして
床にぶちまけてしまった。

日常茶飯事とはいえイラっとしながら
床をふいていると、、、

出た。

まったく反省の色がないこのコメント。

さらにカチーンときた母。
次女に謝らせようとする。

がんばってたら
こぼれなかったのだろうか、、、。（；´д｀）

次女なりに考えて出した答えのようなので
「じゃあがんばってください」と
言っておいてあげました。

空気読め

幼稚園のお友だちと遊んでいたときのこと。

Hちゃんが、
ゲームボーイみたいのをやっていた。
ソフトは「ハム太郎」。

それを見た長女は、
Hちゃんがハム太郎のソフトしか
持ってきてないのか、
ということが気になったらしい。

で、Hちゃんに質問をした。

Hちゃんは、聞こえているんだろうけど、
無視（；´д｀）。そ、そんな、、、。

でも、ひとつのことに向かいだすと
もう止まらない長女は、
「ハム太郎しかないのかどうか」が
どうしても知りたかったようで、
さらに質問しつづけた。

「答えてくれてもいいのに・・」と
母が思うくらい
Hちゃんはひたすら無視（；´д｀）。

そして10回目くらいの
「ねえ、それハム太郎のしかないの？」が
聞こえたとき、
Hちゃんがいきなりキレた！！

か、か、勝手にしろ！？って、
それもよくわからないキレ方だが、
ずっと無視してたのにひどいわ、、、
（；´д｀）クスン
そばで聞いてた母はびっくり。

でも目の前でHちゃんに大きな声を出された
長女はもっとびっくりしただろうなあ、
ショックも受けただろうなあ。

と心配する母が聞いた
次の長女の一言。

うわーーーー（；°Д°）
こいつ聞こえてねえ。

つーか、空気読めよ。
なんかもう、あまりのマヌケさに母はあぜん。

自分に言われてると思ってないのか、
それとも「ハム太郎のしかないのか」
どうかが気になりすぎて
Hちゃんの声が聞こえなかったのか？

ま、これも一種の無視ですから。
おたがいさま？

ちなみに、その日の夜に、
「Hちゃんて、幼稚園でもあんなふうに
怒ったりするの？」って長女に聞いたら、
「(・・) え？　あんなふうって？」って。

やはり怒られたことは長女の中には
届いてなかったようです。
しあわせなやつだな 、、、。(-"-)

三女の好物（注釈つき）

注１…三女が唯一、使える言葉
ちなみに、
「手をつないでほしいとき」
「靴をはかせてほしいとき」
にも活用している。

注２…まんまを連呼するときに使う技。
「必殺エンドレスまんま」

注３…母もそうだが、父も三女には甘い。
というより、
しつけがめんどくさい。

注４…子ども用ハミガキ粉。
世の中の１歳児の大半が、
これをこよなく愛するという。
うちは次女が
ハブラシにつけるときに
たっぷり出して
そのままフタをしめるので
フタのすきまからはみだした
それを、三女がキレイに
なめてくれている。

やめさせろよ
（；゜Д゜）！！（父談）

ひどく生意気になりてわろし

次女は頭は悪いんだけど
要領がいいっつーか。

できないことは多いんだけど
余計なことは知っているみたいな。

親が言うことをマネしてそのまま
使ったりするわけ。

長女なら、それは生意気なことで、
そんなこと言ったら
叱られるってわかってるから言わない。

でもあのフリーダムは。リベロは。
マシュマロは。

言うわけですよ。しれっと。
言えちゃうの。

今日も、長女の持っているものを
なんでも使いたがる次女が
「くまのぬいぐるみを貸せ」と騒ぎだした。

本当は貸したくないのに、
今日も長女は
がまんしてくれたんだけど、、、

とか言っちゃうのね。

おいこら

とどつきたくなりますでしょ？
わかってないくせに
ほんっと生意気なのですよ。

さらに

あってるよ、言ってることはあってるけどさ、

使うとこまちがえてんだよねーーー

惜しい！

このあと、

バカっ！お母さんはいいんだよ！！

という親の特権である
理不尽な決めゼリフが炸裂したのは
いうまでもない。

放置プレイ

ご飯の支度中のこと。

う～んめずらしく上機嫌

くちずさむ歌は「たたとぅ～ん♪」だし

しかし、ここ注目。

サインペン持っちゃってるね。（；´д｀）

こ、これはとり上げておかないと、、、、。

でもさあ、、、

(-"-）　これとったら
泣くよね、、、、。

お母さんご飯支度忙しいんだ～、
今泣かれると困るんだよね～。

機嫌いいし、
たたとぅ～んだし、

持たせとこ。

そして

自分だ！自分に描き始めている！！！

でも

たーとぅーんだ！！
(;ﾟДﾟ)

上機嫌、
すこぶる上機嫌だ、

どうする、自分。
(((（；ﾟДﾟ)))

ご飯はあと少しでできる！

服の汚れは洗えば落ちる！

やらせとこ。

そして

しまったああああ！！！
(T △ T)

放置時間が長すぎたああああああ！！

あのとき泣かれてたほうがマシだったあああ！！！

三女が静かなときってのは
ほんとうにろくなことをしてない。

なぜやってほしくないことしか
しないのか！？
嫌がらせか！？
なんなんだ、おい！

ちなみに三女のやる
やってほしくないこととは

1 テーブルに乗って「たたとぅーん」する
2 ハミガキ粉を食う
3 パソコンの設定をかえる
4 ケータイでだれかに電話をかけ
「あーくー」としゃべっている
（被害にあった友だちごめん）
5 口の中に6個くらいおはじきを入れる
6 父の漫画（「MONSTER」作・浦沢直樹）のカバーを全部はがす

など。つか書ききれねえよ。
静かだからといって放置しすぎちゃ
いけませんね。

なりきり次女

部屋の真ん中でなにやら
ポーズィングしている次女を発見。

まなざしが真剣である。
何をしているのか。(- -)

そうでしたか。(; ´ д `)

次女はなりきりさんである。

セーラームーンであるときは、
名前を呼んでも返事をしない。

プリキュアであるときも、
名前を呼んでも返事をしない。

ネコちゃんであるときも。

「あたしスーじゃない！」と
意地でも否定してくるので、
こっちも意地になって名前を呼ぶのだが、
そのときになりきっているものの
名前を呼ばないと絶対返事をしないのだ。

そしてそのうち、戦闘シーンが始まる。
セリフは「は！」「は！」が主。

で、最後には必ずやられてしまうという
設定らしくいきなり倒れる。

弱っているときに名前を呼んだら
どうだろう。

だめだった（；゜Д゜）

このように、次女は１日のうちの大半は
何かになりきっている。

ちなみに、
無理やりお姉さん言葉を使おうとするので

と変な言葉づかいになることが多い。
「わよ」をつければいいってもんではないぞ、
次女。

嫌いな食べ物

ご飯支度のときに出したピーマンを見て
長女が寄ってきた。

そんなおっぺけぺな長女ですが、
嫌いな食べ物が出ても
けっこうがんばって食べたりする。

それこそ鼻つまんだり他のものと一緒に
食べたり。
残したらダメ、って一応わかっているので。

次女だとどうか。

以前　晩ご飯がシチューだったとき、
ニンジンやらじゃがいもを
ごろごろ皿に残したまま

具をじゃまって、あなた（；´д｀）

ストレートすぎますよ。

次女の場合、「残してもいい？」とか
ないのでね。
茶碗にご飯が残っているのに
元気いっぱい「ごちそーーさまーー」って。

そんで、嫌いなものとかを
ちゃんと食べなさい、と言うと

薄目になっても
ダメですよ次女。

三女の話もしたいけど
なんせ、相手はまんま小僧。
食事に関しては長くなりそうなので
また明日。

まんま小僧のお食事

うちの三女、まんま小僧というだけあって
ご飯もすっごい食べます。

うちでは、エプロンはプラスチック製の
ポケットがついたやつを
使っているんだけど、
落としたご飯がポケットにたまるんだよね。

ここに。

でもそれも拾って食う

そんな三女でも、
ご飯を拒むときがある。機嫌が悪かったり
最初の一口が熱かったりして、
くじけちゃったとき。

もう、食べさせせようとしても泣いて泣いて
拒むのだ。

このように。

そっぽむいて拒む！

口をとじて拒む！

いらつく母は、とっつかまえて
無理やり口に押し込みます。

そうすると・・・・！！！

普通に食う。（；´д｀）

あ、おいしいじゃんって気づくらしい。

三女の苦手なものは牛乳。
どーしても飲めない。

あと、お肉とかはまだ食べれない。
肉汁だけを吸って身は吐き出して終わる。

とにかく、食に関しては
まあ今のところ問題なしといいますか、
食べてくれるのが一番なので。
「ごちそうさま」をするときには
とってもご機嫌な三女であります。

でもそのあと
テーブルの下に落とした自分のご飯を
拾って食べる。(;゜Д゜)

お姉ちゃんの悲劇

長女が幼稚園に行っている間、
いやでもずーーーっと一緒にいるのが

このふたり。

まだ一緒に遊ぶってほどでもなければ
ケンカするってこともなく、
なんだかわからない関係だけど、
やはりずっと一緒だから
三女は次女になついている様子。

外に出かけると、三女は必ず次女に
「手をつなげ」と要求します。
次女は自分と手をつないでくれる人間だと
インプットされているようで。

もう、なぜか必ずなんですよ。
次女が手をつながないと、ぐずりだして
歩かないという状態。

まあ、とても仲よしで
よろしいかと思いますが、
でもよく考えてみたら

三女の存在のおかげで、
一番苦労して一番迷惑をかけられてるのは

そう、この人なわけ。

長女がいるときは、
母は三女をまかせっきりにしてしまうので

「チーを泣かせないでよ！」
「チーにもやらせてあげてよ！」
「チーにも貸してあげて！」
「チーにおしゃぶり！」
「チーにお茶！」

と、さまざまな要求を長女にすることになる。

でも、長女は文句ひとつ言わず、
自分の遊びをじゃまされて困りながらも
三女の面倒をみてくれる。

チーが危ないことをしているときは
やめさせてくれて、
チーが泣いてるとあやしてくれる。
自分のハミガキが終わるとチーの歯も
みがいてあげて、おやつを食べると
「チーちゃんにもあげていい？」と
必ずわけてくれる。

・・・って、
こうやって書くと
ホントがんばってるのね、
あのこ（；´д｀）
あうあう

今お母さん、書きながら反省。

まあそれはおいといて、（おいとくのか・・・）

長女は三女をとっても
かわいがってくれてるわけさ。
で、あるときみんなで出かけたら
手をつないで歩いていく次女と三女を
見つけてしまった長女。
「あれ」と思いつつ、三女に駆け寄る！

拒否！！

しかも軽くはたかれた（；´д｀）

そりゃあ、ショックですよ。
１歳児にはたかれて、お姉ちゃん泣く、
ですよ。

「チーちゃんはフーちゃんが嫌いなんだ」
とめそめそぶっこいてるお姉ちゃんを
なんとなだめてよいのやら。

「いや～、チーちゃん、なんか勘違いしてんじゃない？(- -) ノ 」

・・・って、なんだその
自分でも納得いかないコメント。

でもこればっかりはねえ、、、。
チーのことは
コントロールできませんから、、、ハイ。

あんなに面倒みてるのに、
おいしいとこはみんな次女に
もってかれちゃうんだもんねえ。
くやしいよねえ。

気持ちはわかるけど
出かけるたびに拒まれていじけるのは
そろそろやめてもらえませんかね。

三女も、なんかまちがってるってことに
もうすぐ気づくよ！

長女的 宮崎ワールド

今日は長女が幼稚園から早く帰ってきたので
リクエストされていた
「千と千尋の神隠し」を見せた。
（その間に仕事できるから母はラッキー）

もう何回か見せてるんだけどね。
次女が途中で寝ても、
長女は最後まで動かずに見ていました。

で、見終わったとき

母「こわくなかった～？」

長女「ちょっと**カラダナシ**が
こわかったかな」

カラダナシ！？

母「(;ﾟДﾟ)　･･･カ、カオナシだよね？？」

長女「カラダナシだよ」

また始まった、、、。
長女のおっぺけぺ病が。(ノД｀)

母「あれはカオナシっていうんだよ！
今まで真剣に見てたくせに～
(; ´ д ｀)」

長女「でも、、、。カラダなかった。(- -)」

母「あるでしょ！一応」

長女「ないよ。緑色でぴょんぴょん飛んでた」

あ、こっち(;ﾟДﾟ)！？

ああ、ない、ないね。たしかに
カラダナシだ。
でも、、勝手に名前つけるのも
どうかと、、、。ヽ(; ´Д｀)ノ

長女の中にはもうひとつの宮崎ワールドが
あるようだ。

みんなでカルタ♪

今日はチーが寝ている間に
カルタとりをした。
１回終わったところで長女が、

「今度は フーちゃんが読むから お母さんとって！」と。

（；´д｀）えぇ～､､めんどくさいよ。
フーちゃん読むの遅いんだもん､､､。

でもしかたなく２回戦目をやることに。

「じゃあいくよ！」とはりきる長女。

気をとり直してつづきを始める。

シカトかよ！

それはひどい。←おまえが言うな
まあまあ､と長女をなだめてつづきを始める。

そのとき､､､

終了～　カンカンカーーン

三女のお目覚めにより強制終了。
まあ、こんなもんです。いつも。

長女はプンプンしてましたが、すぐに
「あっ、そうだ、フーちゃんお絵かきしよ～（*゜ρ゜）」と、
おっぺけペスイッチが入ったので
助かりました。

マネッコ期

三女はマネッコ期である。

なんもできやしないんだけど
なんでもやりたがるやっかいな時期でして。

最近は母が鼻かむのを見て
それをマネするようになった。

ヽ(;´Д`)ノ
ティッシュの存在価値
ゼロ。

ちゃんと鼻を押さえずに
鼻水出しちまうのですわ。
でも、まあ、マネして「ふんっ」が
できるだけでもエライとするか。

で、ゴミ（使用していないのでゴミと
お呼びしていいのかどうかわかりませんが）
はちゃんと捨てる。
えらい、えらいぞ、チー。

でも気に入るとエンドレス。

さきほどの鼻水が出っぱなしな状態で、
倍率ドン。さらに倍。
はらたいらさんに 3000 点。

しかし、そこはマネッコ期。
ティッシュで鼻水をふく動作をしてみせて、
「チー、ごしごしは？」というと
ちゃんとマネするのである！

左右にのばすだけだけどね･ﾟ･(ノД`)･ﾟ･
一応、ティッシュは活用されました。

そしてそのティッシュで床掃除のマネ。(;ﾟДﾟ)どーん

おかげでうちの床はいつも
ピカピカじゃなくてカピカピだよ☆

我が家のペットはうさぎの モプシー
女の子なので、実はうちは 4姉妹?!
そのモプシーをケージから出すと‥‥
ひ〜〜
長女はブラッシングが好き。
でもわっしわっし
やるので、家中に
毛が舞う‥‥。
きもち
いい?
ハイチュウ
ね〜
これモプちゃん
にあげても
い〜い?
だめっ
次女は
自分の好きなものは
モプシーも好きだと
思っている。
あぷー
あぷー
モプーと
言ってる
つもり
三女は無理矢理だっこ。
‥‥つーかわしづかみ?!

うさぎと3姉妹

モプシーは、もう10年くらい飼っているので
実は３姉妹にとってはかなり先輩なのです。
君たち！　もうちょっと先輩を敬いたまえ！

ふたりはプリキュア!!

我が家の娘も、
世間の波にのってプリキュアが好き。

プリキュアごっこなんぞは、大変もりあがる
遊びのようであり。

その場合、
長女＝ひかり
次女＝ほのか
と、役どころは決まっている。

で、父がいるときは怪獣になってもらって、
戦いを始めます。

なりきりちゃん（次女）は、
得意分野ですから、そりゃあもう、
「は！」「は！」と無駄に動きまわる。

そのうち
しつこいふたりに、父もだんだん疲れてくる。

そう簡単には終われませんよ、父。
ヽ(;´Д`)ノ

そんで、変身。

「でゅある・おーーろら・うえーーーんす！！」

セリフの語尾が微妙に（いや全然）
違うんですけどね。（；´д｀）
（ほんとは「デュアル・オーロラ・ウエーブ」
である）
そう聞こえているらしいですね。

ここで初めて、プリキュアになったふたり。

いよいよ、怪獣に必殺技をくらわせる！！

前おきが長いよ
（；´д｀）

長女は、ひかり兼監督なので、
いろいろ次女にダメ出しする。
話し合いが終わり、いよいよ必殺技！！

その先は！？（；゜Д゜）

もしかして知らない？？

ほんとうはその先が必殺技なんですけど。
ふたり、ポーズィングを決め、
中途半端な必殺技でおしまい（らしい）。

「オレはどーすればいいんだよ！
（。´Д⊂）」と嘆く怪獣。
そこで適当に死んどけば？

我が家の「ふたりはプリキュア」は、
いつもこんな感じです。

ちなみに、次女の
プリキュア変身シーン。

いらないセリフがついている（；´д｀）

自虐的な彼女

三女、１歳。

自分で自分の首をしめるようなことをする。

洗面所のドアをしめる。

出られない。

君がしめたんだよ？
ヽ(;´Д`)ノ

さらに
テレビの下のラックに左手をはさみながら
右手でしめる。

痛い。

これ、長女も
やったなあ、、、（ToT）

そして
マメ椅子に座る。

そのうち向きを変えて
変なところから足を出す。

そのまま歩く。

からまってるよ！
((((;ﾟДﾟ)))

このように、とても自虐的な、三女の日常。

アヒルとの日常

うちのマンションの中庭に、
こんなものがある。

アヒルさん。
うろ覚えなんで適当ですが。たしかこんな。

最近、三女はこれが大好きで、
見ると必ず乗せろと騒ぐ。乗せてみると、
けっこう上手に揺らしている。

奇声あげて。

そして自滅。（ ´ Д⊂ ）

しょっちゅうおでこを赤くして泣いている。
これもまた自虐的。

長女が乗ったらどうか。

そこだ！　いけ！　差せ！！

ってコラ（(((;゜Д゜)))！！

さすが我が娘、将来はジョッキーか？
とか言ってる場合でなく、
ご近所の目があるからね。
ムチはおやめなさい、ムチは。

次女は・・・

乗ってませんね。

バケツを持って何してるんでしょう。

エサ（砂）あげてる
ヽ(; ´ Д `)ノ

しかもなんかぶつぶつ言ってる。

おまえは飼育係か？　次女。
そいつは育たないぞ？

でも必ず、ながーいことやってるんですよね。
楽しいのかなあ。

まあ、そんなアヒルとの日常。

幸せを感じるとき

お笑い好きの我が家では、
ほかにも「オリエンタルラジオの登場のしかた」とか
「アンガールズのじゃんがじゃんが」とかを
みんなで練習したりします（笑）。
やっぱりみんなで笑ってるときって幸せだなって思います。

三女、
武勇伝更新

さて。
これまでにもなんだかいろいろやらかして
武勇伝をつくってきた三女(生後１年４カ月)
ですが。

昨夜の８時から、今朝の８時まで。
その間、三女が起きていた時間としては
わずか３時間足らず、その３時間の間に、
三女（薄毛・パタリロ似）は、
武勇伝を２つ更新いたしました。

うち、うさぎ飼ってるんですけどね。

ケージは上があいていて、よく三女は
上からうさぎをさわるんですけど、
昨日もうさぎに手をのばしていた三女、

in してました。(;ﾟДﾟ)

三女・in・うさぎ小屋。

頭っから落ちた模様です。
さいわいうさぎは無事でした。

父が帰ってきたときにそのことを
報告したら、一言

「写真撮ったか！?(ﾟДﾟ)ﾉ」

あんた鬼ですか！ヽ(;´Д`)ﾉ

そして、今朝なんだけど
うちデジタルピアノがありまして、
その椅子って
こんなので、

けっこう重いんですがね。
たぶん、これに
登ろうとしたんでしょうねえ、、、

under でした(ノД`)。

三女・under・椅子。
(多少の文法違いは勘弁してください)

椅子がおなかに倒れてきた場合、
けっこうコワイですけど
椅子ごと倒れたみたいなので
頭を打ったくらいで（←くらい！？）
大きなダメージもなく、
すぐケロっとしてましたが。

ほんとうに目が離せません。
・・・って、離してたから
こうなったんだわね(- -)

そんなわけで、あっという間に
武勇伝をふやしてしまう三女でした。

さあみなさんご一緒に。
ぶゆうでんでんででんでん・
レッツゴー

次女の武勇伝

本日は次女の入園面接でありました。

春にはよーやく幼稚園に入る
次女でございます。

面接のとき、先生に
「好きな食べ物はなんですか？」と聞かれ

「カレーがぱれたいです
(。。)」

とおっしゃってました。
卵かけご飯と言わなくて母は安心。
早く「食べたい」と
言えるようになりましょう。

今日は、そんな次女の武勇伝をご紹介。
少し前の話になりますが。

次女はまだ３歳前。
幼稚園のお友だちがたくさん集まって、
公園でお弁当食べて遊ぼうってことになり、
たくさんの親子が参加してました。

そこの公園に、おたまじゃくしが
腐るほどいる小さな池があって、
お母さんたちがいる場所からは
少し離れたとこにあったんだけど
みんなそこでおたまじゃくしを
つかまえて遊んでたのね。

うちも長女が次女を連れて
池で遊んでたんですけどね、

ええ、ご想像どおり、次女、落ちました。

お池にはまってさあたいへん。
出てきたのはどじょうじゃなくて
おたまじゃくしだったようですが。

なんか、安全じゃないところに
わざわざ行ってしまったらしく、
想像するに、

こうで、

こう。

長女のお友だちが、母のところまで来て
教えてくれたんです。

「フーちゃんママ～、スーちゃんが
池に入っちゃったよ(・・)」
って、ふつーに（笑）。

ズボンがぬれちゃったのかな～、
くらいに思って、

「あら、そう～（；´д｀）、
スーは泣いてない？」

って聞いたら、

「うんとね、フーちゃんが、すごい泣いてる」

「フ、フ、フーちゃんが！？（;ﾟДﾟ)」

そのときに、あ、ただ事じゃないかも、
と気づいた母。
ダッシュで池に行ってみると、
そのときの光景ったら、今でも鮮明（笑）。

そこはけっこうな人だかり。
次女を池から救い上げてくれた
おじいさまが、次女の服を
しぼってくださっていました。
まわりにいた見知らぬおばさまたちの、
白い目といったら(´д｀lll)。

「あれがあんな小さい子を
池で遊ばせてほっといた母親ね！！」
、、、みたいな目ですよ。(ノД｀)ｱｲﾀｰ

そして、かたわらで
一番大騒ぎしているのが長女。
泣きわめいてた彼女のセリフは

「どーしてスーが
こんなことにーーー
ーーーーーー！！！！
・°・（；°Д°）・°・」

あまりのショックにパルプンテ状態の長女。

次女はもちろん、長女にも
かわいそうなことをしたなあと
今でも反省させられる出来事です
(´д｀lll)。

それにしてもわざわざ大きな石に乗って、
ダイビングしちゃった次女。
これを武勇伝といわずになんとする。

さらにおまけ。
次女、まだ2歳前くらいのとき。

動物にふれあえる公園があって、
羊とかヤギにエサをあげられる
コーナーがあるんだけど、
こわいもの知らずの次女が
黒い顔の羊に近づいていって

ものすごい頭突きされて
後方へ飛びましたヽ(;´Д｀)ノ。

投稿ビデオ大賞でいえば、
まあベタな部類なんですけどね。

今日はそんな次女の武勇伝のお話でした。

では今日もみなさんで。
ぶゆうでんでんででんでん、
レッツゴー(　　- -)ノ

長女のおっぺけぺ伝

今日は、母のお友だちと
バーベキューしてきました。

三女はずっと「まんま」を食べつづけ、
（おにぎり４個にウインナーに
かぼちゃにお菓子に）
上ふたりは、母へのあてつけか、
というくらいの
大量のどんぐりを拾い集め、
（当然お持ち帰りヽ(;´Д`)ノ）
大満足の１日だったようです。

お友だちの娘にも姉妹がいて、
年もうちのとだいたい同じなので
いつも仲よく遊ぶんだけど、
上の子が「いくのちゃん」というお名前で
みんな「いくちゃん」と呼んでいる。

みんなが「いくちゃん」と呼ぶのを聞いて
次女なりに考えたのかどうだか知らないが、
次女がいくのちゃんに向かって唐突に

違います（；´д｀）。
惜しいけど。

人の名前も勝手に決めつける、自由人・スー。
そんなこともあり、１日が終了。

さて。
次女と三女の武勇伝を紹介したところ
「次はフーちゃん？」
といった声もありましたがそこは長女、
親の目も行き届いていたためか（笑）、
あまり語るほどの武勇伝はありません。
うさぎのウンコ食ったくらいです。

ただ、知ってのとおり、
彼女は武勇伝がなくても、
「おっぺけぺ伝」ならだれにも負けないと
親バカながら思います。
あ、別に親バカではありませんね。ええ。

たとえば先日も、長女と次女が
深刻な顔で抱きしめ合ってたんだけど

と、まあ、こんな具合に（；´д｀）。

本人いたって、
本気と書いてマジなんですがね。

しかも

わ、わかんないんだ、、、?
(´д`lll)。

そんな長女も来年小学生。
大丈夫なんでしょうかね、、。

三女のマイブーム

うちの三女
(生後1年もうすぐ4カ月、パタリロ似)には、
気に入っている(らしき)ことがあります。

それは、マクラを運ぶこと。

運ばれるマクラは、
長女のピンクのプリキュアマクラと、
次女の青いアンパンマンマクラと
決まっています。

なぜ運ぶのか。
どこへ運ぶのか。

すべてはナゾのまま、、、、。

でもとても一生懸命です。
(。。)オリコウだね☆

あ、「えいし」というのは、
三女語で「よいしょ」ということです。

こうして三女は、マクラを見つけては
両手にかかえ、「えいし、えいし」と
運んでいくのです。
ごくろうさまです。

それともうひとつ。

姉たちのパンツをはくことも、
三女のマイブーム。

まだ自分は「ムーニーマン」（Mサイズ）
だから、、、
憧れてるんだね！　おませさん☆

そしてちゃんと自分ではこうと努力する！
なかなかの努力家、チー。

ここで注目。
おもしろいのは、パンツに足を
入れようとするとき、
自分の足を持って入れようとすることですね。
これ、地球の１歳児は
みんなやるんでしょうか。
どうなんですか。地球の１歳児。
そんな１歳児を見かけたら、、、

おまえの足だよ！(;ﾟДﾟ)

と、とりあえず、ツッコンでおきましょう。

で、「えいし」のかいあって、片方の足を
入れることに成功。でも両方は無理。

そして自爆（´Д｀lll）。ああこわい

しかたなく、母がヘルプします。
パンツをはけた三女は大喜び。

でも気に入るとエンドレスヽ(;´Д｀)ノ。

もうはいてるのにその上から倍率ドン。
脱いでも脱いでもパンツって、

マトリョーシカですか！！（;ﾟДﾟ）

注：マトリョーシカとは、ロシアの人形で
こう、次から次へと
同じものが出てくるとゆー
リピート機能のついた人形のことです。

オムツかえる手間がふえるだけなので、
パンツは１枚、
多くて２枚重ねくらいにしとこうね。三女。

東京ディズニーランド

昨日我が家は、東京ディズニーランド、
略して東ディズに
行ってきました(　-　-)ノ 。

世の中の人がやらない
略し方をしてみました（。。）

ほんとは土曜日なんて、日本の人口の多さを
再確認させられる日に行きたくないんだけど
ダンナの会社のなんとかってやつで
安く行けるので（大人2000円、、、）
わざわざこの秋晴れの、レジャー日和の、
休み前の東ディズに戦いを挑んだわけです。
たのもーー（;ﾟДﾟ）

当然込んでいましたが、
３姉妹はそれぞれに楽しんでいた模様です。

これが夢だったら悲しすぎるよね……

と、おめめキラキラだった長女。

最初に入った「白雪姫と七人のこびと」が
意外とこわかったのと
並ぶのに疲れた次女は、朝の10時前に

持参したミニーのお耳をつけて
だれよりもやる気まんまんなふうに見えて、
一番やる気のない次女（；´д｀）。

中庭のアヒルさんとはスケールの違う
揺れるおもちゃに、大興奮の三女。
（頭はぶつけませんでした）

このように、大変な人ごみの中、
３姉妹の楽しい１日は
過ぎていったのでした。

しんべに

３姉妹父からの報告。
昨日、母が仕事部屋にこもっていた
間の出来事。

みんなで居間で遊んでいるとき
突然次女がこう言った。

そばにいた父と長女は目が点に。
なんのことやらわからず、
次女にもう一度聞いてみたけど、やはり

「しんべにに入ったの」

と言うそうで。
いつもだったら、ここで長女が
通訳してくれたりするんだけど、
長女にもわからなかった。

何度聞いてもしんべに。
父は、「新聞」のことだろうと思って、
チーが古新聞入れる袋にでも
入っちゃったのかと思ったそうです。

父「新聞だろ！」
次女「ちーがーうー！」

そんなやりとりのあと、とうとう

「そのしんべにはどこにあるの！」
と父が聞いたら、
次女は泣きながら子ども部屋に行き、
次女が指さしたものは

シルバニアファミリーの箱！

次女は、しるばにあ＝しんべに

と言ってたのだった。

父「シルバニアか～～～～～
！！・゜・(ノД｀)・゜・」

どっと脱力の父。それと同時に、
さっさと理解してあげられなくて
悪かったなあと思ったようです。
でも、、わからないよなあ、それは
（；´д｀）

そうそう、
「チーちゃんがしんべにに入った」のは、
その日の午前中のことで
実はそれは私も目撃していたのね。

箱の中身がからっぽなのに上に
手をのせて体重かけちゃった三女が

こう。
三女・in・しんべに
ってな感じで。
あ、さりげなく武勇伝更新ですかね？
レッツゴー

だから、私が一緒にいたら、
次女の言ってることが
わかったかもしれなかったですね。

上手にしゃべれなくて、
言ってるつもりなのに伝わらない。
もどかしいでしょうねえ、
この時期の子たちは。

きかもんち

これはもう、去年の話だなあ。

すべてはここから始まった。

意味のわからない言葉はよく出てくるけど、
たいていはすぐに、
「あ〜、これのことね」と気づくもの。
しかし、その「きかもんち」は、
半分迷宮入りした、
ナゾがナゾよんだ
伝説の言葉なのである、、!!
おおげさか? おおげさだな、、。

「なになに、きかもんちってなに?」と
父も母もおもしろがって聞く。

最初は、少し照れたように
「え〜、きかもんちだよ、、」と
答えていた次女も、

「デカレンジャーに出てくるの?」
「怪獣のこと?」
「なんでお父さんがきかもんちなの?」

という質問攻めに、次第に口をとざし

とご立腹(;´д`)

「きかもんち」への質問には知らんぷり
するようになってしまいました。

とうぜんよね、
自分はちゃんと言ってるつもりなのに
親が変な質問してくるんだから。

でも、気になるわけよ。
デカレンジャーに関係のある、きかもんち、、、。
父は、「こういう名前の怪獣がいたんだよ」
と言うけど
そんなものを覚えられるものかしら??と、
母は疑問。
通訳の長女もわからないそうで、
長い間ナゾのままでした。

しかし、忘れたころに出てくるんだ、これが!
お絵かきしているときとかに、、、

絵もぐしゃぐしゃで
なんのヒントにもならないし、
聞けば「知らない」だし。

せっかく忘れかけてたのに、
また気になるじゃんか〜〜(。´Д⊂)

そのころには、父はあきらめモード。

「イミなんかないんだよ、きっと。
はずみで言った言葉が
気に入っちゃっただけで、造語だ、
あれは造語(`Д´)」
という結論を出していた。ひとりで。

母も、まあ、そうね、
それでいいかもね、、、(- -)

とあきらめかけていたら、
またくるんですねえ、きかもんちが。
今度はパズルやってるとき。

次女のおいたパズルを見ると

こういう形で、真ん中のところが
「きかもんち」なんだって！

うおおお！！形が！
きかもんちの形が！！
あきらめかけたころに
すごいヒントだ！！！（;ﾟДﾟ）

しかし、、、わからん。(´д`lll)

そうこうしているうちに、
初めて「きかもんち」を
聞いてからもう半年近く過ぎ、
忘れるというか、どうでもいいやって
感じになりかけていたころ、
とうとう物語は
クライマックスをむかえる、、、！！
おおげさか！？　いや、いいんだ。

ドンキかなんかのチラシを見ていた次女が
突然言った！

そのチラシに
かかれていたものは、、、、！！

鉄アレイ・・・・？！
（；ﾟДﾟ）

鉄アレイ、、、

きかもんち、、、、

お父さんのきかもんち、、、、

あっ

どど————————ん
（T△T）

もう、あのときの
スッキリ感といったらないですよ！！
すぐにダンナにメール！！　ダンナも
感動！！みたいな。←アホ夫婦

すべてのヒントがつながって、ナゾが解消！
もやっとボールを投げつづけた半年間、、、
あれはほんとうに長かった！

その後、次女の「きかもんち」は
「ちかもろち」に進化をとげ、
今はすっかり「ちからもち」と
言えるようになりましたとさ。

こんな長々と、
おおげさに書くようなことじゃない？（笑）

だって、、ほんとに感動だったんだよ。
ごめん、、くだらなくて。

ナントカごっこ

長女と次女は、
前に紹介したプリキュアごっこのように、
しょっちゅう「〜ごっこ」で
自分たちの世界に入っていることが多い。

家族ごっこが多く、
そのときにはだいたい、お互い変な名前で
呼び合っている。

このように。ヽ(;´Д`)ノ

当然次女は、このときには
「マキコ」と呼ばないと
返事をしないわけだが。

まあ、それで、そのナントカごっこのときの
しゃべり方というのが、とてもわざとらしい、
ドラマ口調なわけですよ。

おかしな女言葉はもちろんのこと、
笑い方は「うふふふふ」だし
ちょっと転ぶと

「大丈夫！？　しっかりして！」
「いいわ！
あなたは先に行って！」

といった感じで。

で、昨日の話。

長女が幼稚園でさつまいもほりだったので、
たくさんおいもを持って帰ってきたから、
大学いもにして出してあげたの。
そしたらどうやら、ナントカごっこの最中
だったみたいで
おっぺけぺな会話が始まったわけ。

あほでしょ？（；´д｀）

で、いつまでもそんなことやってるから、
「もういいから食べなよ」
って言ったら、次女がふつーに

自由人コメント炸裂（；ﾟДﾟ）
どーん

全部ほんとうに演技だったんだね、、、
(｡´Д⊂)?

食わず嫌いだったんで、一応そのあと
ぱれました（食べました）けどね。

おそるべしですよ、ナントカごっこ。
しゃべり方が変なだけでなく、
内容にも偽りが！！
気をつけろーーーっ！（長井秀和風）

三女の教育がかり

末っ子というのは、親があれこれ
教えなくても上の子からいろいろと
学んでいるものだと思う。

うちも、三女にはなーんも教えてないけど
上ふたりがいろいろ教えてくれている(ようだ)。

ご飯の時間だけでも、
姉たちは三女にいろんな芸をやらせる。

このような感じで。

普段から、
「チーと遊んであげて」
「チーに教えといて」と、
姉たちにまかせっきりなもんだから、
三女は姉の言うことをよく聞くし、
一生懸命いろいろなことを
マネしようとします。

とかね。
助かります（。。）

でも、なんでもマネしようとするため
お風呂に入ったときに
シャンプーする長女を見て

こんなこともしばしば。
･ﾟ･(ノД｀)･ﾟ･アイター

つけてるのは、当然シャンプーで
このあと、目にしみて大泣きです。
あたりまえだよ！　おばかさんだね☆

まあそんなこともありますが、
うちの姉たちは、
三女の教育がかりとして
がんばってくれているのであります。

余計なことも多いけどね
ヽ(;´Д｀)ノ

おっぺけぺ伝 更新1

今日はピアノのレッスンに行ってきた長女。

「今度から「ぶんぶんぶん」弾くんだ〜」と、
うれしそうに「ぶんぶんぶん」を歌いだす。

長女「ぶんぶんぶん、
ハチがとぶん♪」

母「・・・・(- -)ハチがとぶ、でしょ」

長女「え、ハチがとぶん、だよ！(*°ρ°)」
↑まじ

母「だって、あなた。虫がとぶん、って言う？」

長女「言うわけないじゃん！
だって虫だよ？（笑）
ハチは、ぶんぶんぶん、ってとぶから、
ハチがとぶん、なんだよ〜」←自信ありげ

母「(；´д`)」←悲しげ

まあ、そんな会話は
たんなるプロローグに過ぎないのだが。
で、本題。

昨日、金曜日は「ドラえもん」の日でした。

ドラえもんの最初の歌、
最近かわったんですよね。
「ハグしちゃお〜♪　ハグしちゃお〜♪」
かわいいな、、夏川りみ、、。

で、その「ハグ」の意味を、うちの次女が
とり違えておりました。

まあ、お母さんとしては、
あなたがフグを知っていたことが
けっこう奇跡に近いんですけどね。

ずっと
「フグしちゃお～♪　フグしちゃお～♪」
だと思って歌を聴いていたことに
なるわけで、、、
なんの疑問も持たないんでしょうかねえ。
そこがおっぺけぺ･ﾟ･(ﾉД`)･ﾟ･

あと、少し前の話だけど
晩ご飯を作っているとき

という会話があり、
そのあとうどんができたので
テーブルに運んだら、それを見た長女が

うどんって、、、
言いましたよね??
(((（;ﾟДﾟ)))

母「だからさっき
うどんだって言ったじゃん！」
長女「ああ～、そうね (*ﾟρﾟ)」
↑すこぶる軽い
母「じゃご飯できたから、スーを呼んで」

こいつ、、、、！！！
(((（;ﾟДﾟ)))

聞いてないんですよ、ええ。基本的に。
興味があまりないことには
脳みそが働かないんですね。

おかーさん心配よ！　小学校行ったら
どうなるんざんしょ！！(。´Д⊂)

次女の七五三

今日は次女が七五三してきました。

我が家の3歳のお祝い着は
ちょいとレトロな袴です。
全員、有無を言わさず
これと決まっております。

長女のとき、「今は写真館で写真撮れて
そのままレンタルってのもあるし
買うのはどうかな～」と思ったんだけど、
次女もいるし
いいか！と買ってみたら、あら三女まで！
(*°ρ°)
3姉妹というのは、
そういったいわゆるお祝いで着る服とか、
高くつく服も、
どーんと買えてしまう強みがあります。

で、母がなんとか袴を着せて
お出かけしようとした矢先、

予想はしてましたが。(´д`lll)

「今日はずっと脱げないからがんばれ」と
励ましておきました。

もちろん、次女じゃない娘たちも
一応オサレをしましたよ。

いただきものなんだけど、
黒のベルベットで、
白い刺繍の入ったかわい～い
ワンピースを、、、

三女が着る。

ほんとね、やめようか、ってダンナと
話したくらい、
オカマなんですよヽ(;´Д`)ノ。
薄毛（パタリロ似）には、
ワンピースはちと痛かったようです。
でもめんどくさいからそのままゴーゴゴー。

で、今日大変だったのは、
写真館でのお写真。

笑いやしねえ (´д`lll)

むしろにらんでる・・？
なんか、怒ってる・・？みたいな表情の次女。
極度に緊張していたご様子。
これはいかんと思った父と母・・

三女をひっくりかえしてみました（。。）

でも次女は笑いをこらえる。

こらえる必要あるのか（;ﾟДﾟ）！？

しかたなく、余計変な顔で撮影。

何ポーズ撮っても、全部同じ表情
（ちゃんとにっこり）だった長女。
（たぶんモデル気分で
うっとりされていたんだと思います）
そしてカメラ向けられると
自分が主役だと思って
指１本たててにっかーーーと笑う三女。
最後まで表情がかたまっている次女。

それぞれの味が出た写真になった、、
と思います。

はあ、それにしても、
あと何回七五三やるんだ！？（。´Д⊂）
けっこうしんどい1日でした。

本日の おっぺけぺ劇場

ふたりの演技が
かみ合ってねえ（;´Д｀）

そんなわけで、
今夕方6時半くらいですけど、
↑こんなことを、
もう2時間近くつづけているふたり。

今日、気づいたのは、
こういった遊びになると
長女がおっぺけぺ劇場の設定を、
細かく変えていること。
次女も、長女の言うとおりに、
変えられた設定どおりに
演技をつづけていました。

だからかみ合ってないよ？
（；´д｀）

次女の、「なにだ！」は、
たぶん「なんだ！」と言ってるつもりで、
次女なりの男らしいセリフを
使っているつもりのようです。

で、またすぐ設定が変えられる。

え・・英語!? (((（;ﾟДﾟ)))

ちがくね！？

しかも

絶対ふたりの言葉
同じじゃなかったけど
(ノД｀)ｳｯｿｰ

そんな、長女と次女のおっぺけぺ劇場。
まだつづいてますよ～（笑）。

ちなみに今は、布団をカラダにまいて
「あたしはアリエル」「あたしは人魚」
↑どっちも人魚！
・・・をやっています。

さあ、そろそろご飯にするか、、、
（´д｀lll)

読書の秋

三女チーは絵本が大好き。
本を自分で選んできて、
無理やりだれかに渡し（つーか投げつけ）、
座って、勝手に「はじまりはじまり～」の
拍手をします。

ぬりえだけど？
ヽ(;´Д`)ノ

読むところないよ！

小児科での待ち時間にも、
「あい」って渡された本が
「とびひの治療」だったこともありました。
難しそうな本だね☆

でも↑は、たまたま好きな絵本が
見つからなかったときのこと。
チーのお気に入りは今「ノンタン」です。

「ノンタンぶらんこのせて」と、
「ノンタンいないいないばあ」が
大好き（らしい）。

そこで、「ノンタンいないいないばあ」を
読んであげる。

ばあ！って言いたいだけじゃん？（;゜Д゜）

チーは、この絵本で
「なーない、ばあ！」を覚えたくらい
とってもとっても大好きなのでした。

でも子どもって、気に入ると同じ本ばっかし
持ってきますよねえ〜。
飽きないのか、、、(´д`lll)
読むほうは飽きる。

ちなみに、長女はチーくらいのときに
「ぼくはあるいたまっすぐまっすぐ」
という絵本が好きで毎晩読まされた。

くり返し読まされるのは疲れるけれど、
絵本を読んだときに子どもが喜んでくれると
やっぱりうれしいなあと思う母でした。

言いまちがいシリーズ１

今日は、次女の言いまちがいシリーズを。

長女が、父をひっぱって
「おおきなかぶ」ごっこをしていたところへ
割り込んできて

with うんこ？（；´д`）

ちょっとのまちがいが
大きく意味を変えてしまいます。

さらに。
次女、通販番組を見る。

おもちゃじゃないんだから。

カタカタって。(´д`|||)

そして最後。
次女、お笑い番組を見る。

言いづらいよ!!!
((((;°Д°)))

なぜ、「きゅ」が出てくるんでしょうかね。
まあ、「食べる」が「ぱれる」だからね。
日本語にはあまり使われない発音を
あみ出してしまうのね。

インフルエンザ予防接種

本日はインフルエンザの注射をしてきました〜。
今年の２回目。

先月の、１回目の接種は
長女と次女は泣かずにできたけど、
三女は大泣き･ﾟ･(ﾉД｀)･ﾟ･キャー

今回心配だったのは、
三女がそのことを覚えていて
最初から泣くのでは？ということ。

ほら、だんだん利口になってくると、
病院に入るだけで泣いたりするじゃない！

うちも、長女がよく
診察室に入ることすら拒んで
大泣きしたことがあったので、、、。

でも、元気いっぱいに診察室に入る
長女と次女につられて、
三女もすんなり入室！

気づくのが遅かったね☆
(´m｀)ﾌﾟｯ

的はずれななぐさめをしていた
次女ヽ(;´Д｀)ﾉ
ありがとね。

さて、本番の注射ですが、
最近やっと泣かなくなった長女は、
まだまだ注射がこわいので

それじゃ針がささらないよ（；´д｀）
ってくらいりきんでしまうんですが、
なんとかクリアいたしました。

そして、前回は泣かずにできた次女ですが
今回は針がささった瞬間に
「わーーーん（;ﾟДﾟ)」と泣いた！！
・・・と思いきや、終わったとたん

泣き声を
笑いに変換していた

(ﾟ　Д　ﾟ)　すごい技ですね、、、

三女は当然、聴診器からずっと泣いてました。
最後、先生が注射のごほうびの
シールをくださったのに

もう必死で手を振る（笑）

次は、風疹とかが待ってるんですけど、、、。
無理ですかね、入室も(´д｀lll)

そんな、３姉妹のインフルエンザ予防接種
でした！

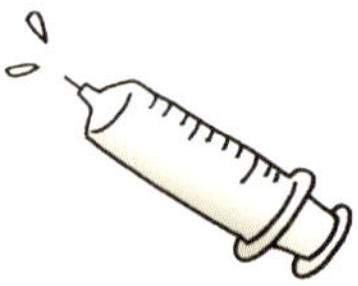

妖怪
おしゃぶり小僧

三女チー（地蔵顔・薄毛・欠食気味）は、
なにを隠そう「おしゃぶり小僧」である。

三女にとっておしゃぶりは
精神安定剤のようなものなので、
泣いたとき、眠いときなど、
いつもくわえさせていた。
おしゃぶりを吸うとおとなしくなるし、
コテンと寝たりするので
親もラクしてしまって、ついつい、
おしゃぶりにたよってここまで
きてしまいました。

でも、1歳過ぎたくらいから、
三女はおしゃぶりを自分でくわえるように
なってしまったのね。

おしゃぶりはつねに、
こういう「おしゃぶりホルダー」ってのに
つながっておりまして。

で、クリップで洋服に
ぶらさげておくんですが、
ぶらさがったおしゃぶりを拾っては
口に入れるようになってしまいましてね。
機嫌の悪くないときも、癖みたいに。

転んだりして泣いちゃったときなんかは
あわてて捜す！　あたふたあたふた

で、くわえて勝手に落ち着いている。
（；´д｀）　そんな状態。

保育士の友人によれば、
おしゃぶりによる歯への影響は
1歳くらいからもう出るんだとか！

それを聞いて、
最近「おしゃぶり卒業運動」を始めた母は、
昼間はおしゃぶりを洋服から
はずしておくことにしました。

でも、そのへんに置いておくとちゃっかり
見つけてきちゃうんですねえ。

そこでくわえるのかと思いきや、
三女はなぜか、おしゃぶりホルダーの
クリップをちゃんと洋服に装着しないと、
口に入れないのです。

だから、一生懸命つけようとします。

洋服をつまんで、
クリップを押しつける、、、という
意味のない行動をもくもくとくり返す。
テープじゃないんだから、
押しつけてもダメだよ☆

でも、くっつかないな〜と気づくと

あごの下にはさんで、
さも問題が解決したかのように
歩き回ります。
うまくついた、とでも
思っているのでしょうか（。。）

当然おしゃぶりは落っこちるので
最後は怒って母に訴えてきます。
これを洋服につけろ、と。

おしゃぶり吸いたいなら吸えばいいのに、
洋服につながってないとダメなんだって。
なんなんだ、そのこだわりヽ(;´Д`)ノ

まあでも、「卒業運動」のかいあってか、
最近は昼間はおしゃぶりを
隠しておいても平気だし、
夜寝るときにもおしゃぶりナシで
寝てくれます。

しかし！！！(`Д´)

問題は、夜中に起きたとき。
まだ夜中に2、3回起きる三女ですが、
そのときだけはおしゃぶりじゃないと
どうにもこうにもダメなんです。
一度夜中のおしゃぶりを
やめようとしたときもあったんだけど、
激しい夜泣きで断念したのでございます。

なんでこんな話を書いているのかというと、

実は今日、
お友だちのおうちに
おしゃぶり忘れて
きちゃったのーーー。
(;ﾟДﾟ)ﾏｲｶﾞｯ

泣かれようと叫ばれようと、
今夜ばかりはどうしようもない！
ってなわけで、予定外の
「おしゃぶり卒業運動」クライマックスを
迎えることになりそうなのです、、、。

三女ががまんして寝てくれるか、
私ががまんしてあやしつづけるか、、、、(- -)

どっちになるのかまだわかりません、、、。
朝まで寝てくれることを祈りつつ、、、
(´д｀lll)。

今日はこのへんで。

おしゃぶり小僧の夜

「寝れましたか？」って心配してくださった
みなさん
ありがとうございます～。

昨夜、三女は一度目を覚まして
泣いたんです。

「ああ・・・きたか・・・」

と思ったんだけど、なんとなんと！！
おしゃぶり小僧はそのままスーーッと
眠ったではありませんか！（物語口調）

おしゃぶりは卒業かもしれない、、、
これはラッキー！
と、母も一緒にまた寝ました。

で、明け方6時前くらい。

お休みの日だからもう少し
寝たいなあっていう時間なんだけど、
三女の夜泣きならぬ
朝泣きが始まったのです。

このときの泣き方は、
もう妖怪に変化していて
どうにもブルドッグ状態。

あわよくばもっかい寝てくれ、、なんていう
淡い望みはずたずたに引き裂かれるような
叫び声。

あの、夜泣きっていうのは
なんなんでしょうかね。
こっちの声はまったく届いてない様子だし
暴れてのけぞって、そりゃあもう、
時間関係なく元気いっぱいすぎ！

まだ若干寝ぼけている母の腕の中で
暴れまくる妖怪。
この妖怪を、
ぴたりと泣きやませていたんだから、
あのおしゃぶりってのは
偉大なベビー用品だな、、、とか
のんきに考えてみる。

しかし、あまりのビッグデシベルに加え、
のけぞって暴れる三女に、
ほとほと困り果てた母は、だれかこの状況を
救ってくれる人はいないか、、と
ほかの家族をちらっと見る。

ええい、裏切り者ども!!（;゜Д゜）

うるさいといわんばかりに全員布団の中さ！

くそ！どうする！？
どうしたらいい！？

母は考えた！

こうなったら最後の手段・・・・・

母が手にしたものとは!!

それを三女に向かって・・・！！！

おしゃぶり小僧から
まんま小僧へと変化した三女は、
朝っぱらから食パンを
ほとんど食いつくしておりました。
いや〜、それにしても
軽くバトルだったなあ〜。

一応、夜中ではなかったので
今回は引き分けってことにしましょう。

今夜はどうなるかな？

ひきつづき、
応援よろしくおねがいします（笑）。

次女の台本

三女チーは、
昨夜も夜中に騒ぐことはなかったです！
明け方になると、なにやら不機嫌に
うだうだ言っていましたが
激しく泣くわけでもなく。

もしかして祝・卒業か？と思ったけど、
今日は寝かしつけるときに泣かれた、、、。
頭かきむしって泣いてました。
ガッデム！！みたいに。

あと一歩かな！今夜もたくさん寝ておくれ！

今日は、次女の、最近気になること。

楽しいのかなあ・・・
(´Д`lll)

このように、母に自分の考えたセリフを
言わせるんですよね。
どうやら、
先に頭の中に台本を書いている模様。

とくに多いのは、
ほめさせるパターン。

満足なんでそーか
(;゜Д゜)

それとも母、普段ほめ足りないのか！？
ヽ(;´Д`)ノ
愛が足りない子どもみたいなものなのか？
(;゜Д゜)ウッソー

これからはもっとほめてあげてみよう・・・。

私がウトウト
しはじめると…
お母さん
ねないで
よー
お母さんが
ねたら
つまんなーい
……とさわぐ子どもたち。
はっっ
本当に
ねちゃった!!
40分も!!
しかし母は睡魔に
勝てず寝てしまう
ことが多い……。
そんな時 子どもたちは……
「寝ないで!」って言う
くせに、本当に寝ると
みんな静かに遊んで
待っててくれる。
どうやら、起こしたら
悪いと思っているみたい。
起きると喜んで群がって
きます。ごめんね～…。
でも ありがとう。
あーーっ
おかあさん
おきたーーっ
布団が
かかってる
ごめん
みんな
…

ちょっと泣けるとき

起きたときに「ごめん、寝ちゃって」って謝ると、
「いいんだよいいんだよ、でももう寝ないでね」って言われます。
で、すっごい反省するんだけど、
またやっちゃうんだな、これが（笑）。

番外編

3姉妹が生まれた日

３人も生んでいると、思い出もいろいろ。

長女のときは
やっぱり初めてのことだったので、
不安もあったし緊張もしたけど
「やっと赤ちゃんに会えるんだ～」
っていう喜びが一番大きかった気がします。

長女の出産のころ、父（夫）は出張で週末しか
帰ってこない生活をしていたので、なんとか、
父の帰ってくる土曜日か日曜日に
出てきてほしいと思ってました。

でも、予定日は月曜日だったので
「無理かな～・・・」
と思いつつ、おなかに話しかける母。

カモンカモンщ（ﾟДﾟщ）～♪

**するとなんと
土曜日のお昼に
陣痛らしきものが！
(((（；ﾟДﾟ)))マジ！？**

今思えば、長女はこのときからすでに
不思議ちゃんだったのかも。(ﾟmﾟ;)

長女のとき、
病院についてから出産までの時間は４時間。
初産にしてはかなり早いほうなので、
陣痛がめちゃめちゃ痛いと訴えても
看護師さんたちが
だれも信用してくれませんでした。

「まだ生まれませんからダンナさんは
お帰りください！」
と父が家に帰されて、私はベッドに寝かされて、
そのあとすぐの内診で
「あら！（ﾟロﾟ）あなた分娩室行きましょ」
って、看護師さんがびっくり。
つーかあたしもびっくり。
家についたとたんに、「出産です」と
病院に呼ばれた父もたぶん
びっくりだったことでしょう（笑）。

こうして、初めての出産を
あっさりクリアーした私。

長女が生まれて、産声をあげて、
先生に「女の子ですよ！」って
言われた瞬間があまりにも幸せで、
そのときすでに
「もう一人生みたい！」って思ってました(笑)。

次女のときはというと・・・
予定日から遅れること４日。
やっとやっと陣痛がきたのは金曜の夜で、
次女も父のいる土曜日出産になりました。
う〜ん、ステキ☆

病院についてから出産までは２時間。

3750gのビッグベビーだったのに、
まさにスポーンと生まれました。

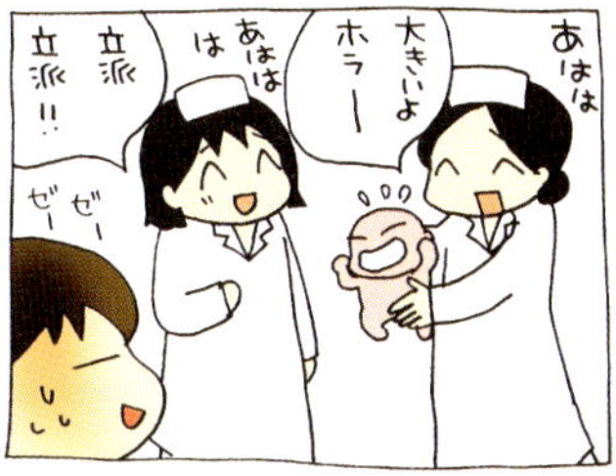

なんか、看護師さんたちが
みんな笑っていたっけ。
ヽ(;´Д`)ノ・・・な、なによぅ

元気に生まれてくれたんだけど、
次女は「初期嘔吐」とかいう
飲んだものを吐いてしまう症状がみられたので、
２日くらい保育器に入りました。

保育器に入ってる子は、
すごーく小さい子が多いので

目立ってたなあ・・・・。

入院中も、ほとんど泣かず、
おっぱいも上手に飲んだ次女。
生まれたときから菩薩だったんですね。

で、三女のとき。

驚くなかれ、なんと三女も土曜日出産。
３人全員が、父のいる日を選んで
生まれてくれたんです。
なんておりこうさんな娘たち！（笑）

三女は、予定日ぴったりで、
病院についてから出産までは１時間。

も〜、まさにスピード出産です。
ヒ、ヒ、フー、ポンです。(((（;ﾟДﾟ)))

三女を出産したとき、
長女は幼稚園の年中さん。
幼稚園をお休みしないで
がんばってみよう、ということで
父が休みをとって、私の入院の間、
長女と次女の世話を一人でしてくれてました。

５日間、家事をやって、
長女を幼稚園に送り出して、
次女の相手をして・・・
父にとってはやったことないことばかりで
大変だったろうなあと思う。

でもそれ以上に、母がいないのにちゃんと
父と留守番をしてくれた長女と次女も
えらかったと思います。

とくに次女はまだ小さくて、
私は次女のことばっかり気になってたっけ。

一度、父がふたりを連れて病院に
来てくれたことがあったんだけど
久しぶりに対面して涙が出ちゃうのは
母のほうだった（笑）。

病院から帰るときに、
すごく変な顔をしていた次女。

そこでいっそ次女が泣いてくれれば
励ますことができたんだけど、
最後までがまんして
泣かずに帰っていきました。

病院の廊下を曲がるときにも
最後までこっちを見てた顔が
忘れられないなあ〜。

で、私が一人で泣いてた（笑）。

３人目とかになると、気にかかることが
生まれた赤ちゃんのことばかりじゃ
ないんですね。
家族みんなでがんばった、
我が家の最後の出産でした。

出産って本当に痛いし苦しいし大変だけど、
あのかけがえのない瞬間を経験できて
（しかも3回も！）私はほんとに幸せ者だと思う。

生まれたての赤ちゃんが
隣に連れてこられたとき、
「この子がおなかに入ってたんだ・・・」
ってすごく不思議な気持ちになる。

たったさっきまで、
おなかの中の水にゆられていた赤ちゃんが
今はこうして普通に息をして、泣いたり、
あくびしたりしてる。

今泣いていたと思ったら、
ぱっちり目をあけたりする。

で、まだ見えていないはずの
きれいなきれいな目で
じっとこっちを見たりするんです。

見えてないはずなのに、
「お母さんだ」って、わかってくれたのかなあ。

それがうれしくて、それで愛しくて、
「ああ、私の赤ちゃんなんだなあ・・・」
ってじーんとしました。

幸せがこみ上げてくるのと同時に、
この子をずっと守ってあげなきゃ、
って思いました。

子どもなんてあっという間に大きくなって、
すぐに生意気に
なっちゃうかもしれない。
育児してるとイライラすることもあるし
大変なこともいっぱいある。

でも、この子たちが生まれたときに、
こんなに幸せを感じたこと、
見ているだけで涙が出ちゃったこと、
生まれてくれたことを感謝した気持ちは、
ずっと忘れたくないなあって思います。

☆生まれてきてくれてありがとう ☆

おっぺけぺ伝 更新２

長女のクラスのＲちゃんのお母さんに、突然
「フーちゃんておもしろいよねー」
と言われまして。

「なんで？」と聞いたら、
Ｒちゃんが教えてくれたそうなんだけど、

給食で長女の嫌いな食べ物が
出たときに、、、

味しますよ！！ ((((；ﾟДﾟ)))
つーか疲れ目？

Ｒちゃんは、あまりにおもしろくて
いろんな人にその話を教えているとか。
知らぬ間におっぺけぺ伝が広がっている
長女でした。

そういや前に、鼻つまんで
ピーマン食べたって言ってたけど・・・。
きっと、苦かったんでしょうね。
眉間じゃね。

あともうひとつ。
たった今さっきのことですけど、
廊下をどたどたどたどた、
足音立てて走るので
うるさい、と言ったら

なぜかスカートを持っていた。小指たてて。
（うしろは、あわててズボンなのにマネする次女）

静かに歩く＝プリンセス

なんでしょうね。きっと。

最後に、クリスマスも近いので、
今日は長女作詞・クリスマスソングを
ご紹介します。

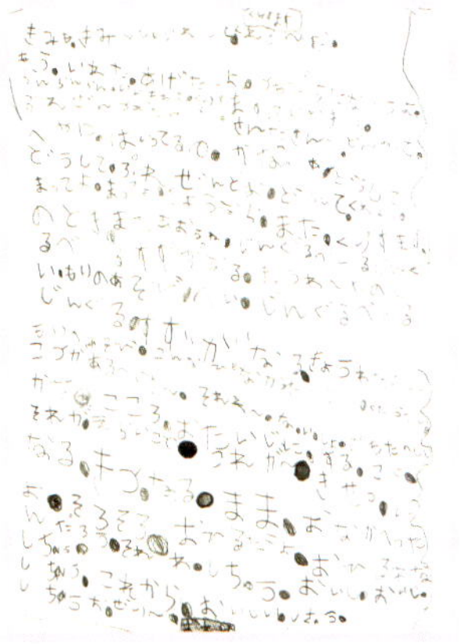

クリスマス　　　　　　作・長女

きみも。きみ〜も。いれ〜て。くれるん〜だ。
もう。いれた。あげた〜よ。ともだちになろうよ。
らんらんらん。いいきもち。くりすますっていいきもち。
ぷれぜんとわなんだ〜。さんたさんってど〜やって。
へやに。はいってるの。かな〜あ。どうしてどうして。ぷれぜんとお。
どうしてくれるの。まってよ。まってよ。さようなら。
また。くりすます。のときまたあおうね。じんぐるべーるじんぐるべーる
すずがなる。きょうわ〜たのしい。もりのあそび。へい。じんぐるべーる
じんぐる。すずがなる。きょうわたのしいもりのあそび。
こんなひもなかったのに〜。くだらない。ことがある〜のさ〜。それわ〜。
な。い。しょ。でもたのしいかな。こころ。おたいじに。する。こと。
それが。えらいこと。これが〜。きせつになる。きとなる。
まま。おなかへったよ。そろそろ。おひるだよ。おひるわなんだろう。
それわ。しちゅう。おいし。おいし。しちゅう。しちゅう。これから。おいしい。
しちゅう。しちゅうお。ぜり〜。　　　　　　おわり

タイトルをシチューに変えろ！！！（;ﾟДﾟ）

あと最後のぜり〜は何？？

次女も書いてます

長女はものすごいおっぺけぺで
人の話を聞いてない、もしくは
理解する力が欠けてるんですが、
「書く」ってことに関しては
すごい集中力を発揮していると思う。

絵を描くのも字を書くのも
スキなんでしょうね。

そこで、
一生懸命お姉ちゃんのマネをするのが
次女なわけ。

たぶん、次女は、書くことには
たいして興味を持っていないと母は思う。
集中力もない。
でも長女がやっているので
隣でマネしているのだ。

その日も、長女が父に手紙を書く、
というのをマネして自分も書いていた。

長女が父に渡した手紙には、
「おとうさん　いつも　ありがとう」とか
なんとか書いてあって父も喜んでいた。

そのあとすぐ、次女も父に手紙を渡す。

さっきと言ってること
違うし
ヽ(;´Д`)ノ

ちなみに、描かれている絵は、
「かえるのりんちゃん」だそうです。

またあるときは、「勉強」をしているとかで

またかよ!! ((((;ﾟДﾟ)))

「あ」なんてどこにもねえ。(;´д`)

「みてみてー、お姉ちゃんってかいたのー」
って持ってくれば

だし、

「チーちゃんってかいたの～」
ってきても

だし、

そろそろおわかりだと思いますが
レパートリーが「す」「に」「し」「も」「さ」
しかないんですねえ。
絵も、かえるのりんちゃんばっかし。

でも本人は何度同じものを書いてもご満悦。
次女には向上心ってものがないようだ。

「すにしもさ」以外の字が出てくるのは
いつかな～。

長女の防犯意識

また、子どもが被害者となる
いやな事件がありましたね。(・_・、)

こんなのを聞くたびに、
気持ちが重くなります。

我が家のまわりも、
変質者が出た！とかいうのが多くて、、、。
来年から長女が学校へ通うことを
考えるといろいろ心配です。

とくに長女はだれにでも
話しかけてしまうような性格なので、
なんだかなあ。。。ヽ(;´Д`)ノ とても心配。

ここはひとつ、
長女の防犯意識を高めていかなくては、
と思い、まじめに話を始めてみた。

クマ・・・・ですか。

「あのさ・・・クマなんて出るわけないじゃん」
と、一応反論してみましたが

クマの恐ろしさをいろいろと語りだす長女。

もう、こうなると脳内はクマ状態なので、
「まあいいや、クマにたとえて話せば
わかるかな」と思って、話をつづける。

ここは100エーカーの森か！！（；ﾟДﾟ）

「すっごーいこわいんだよー」って
言ったよね、、キミ（；´д｀）。

長女の防犯意識は、
高いとか低いとかではなく
軽くメルヘンでしたので、
入学までにはもう少し親も気をつけて
いろいろ教えていかないと、、、
と思いました。

でも、真剣な話
子どもが犠牲になるような事件が
なくなるように祈らずにはいられませんね。

小学生とかになると、
24時間ずっと一緒にいるというわけにも
いかなくなってくる。
でも、守るのは大人しかいない！
子を持つ親も、そうでない人も、
大人たちみんなで子どもを守っていこう、と
協力していけるような世の中に
なっていくといいですね。

薄情者

最初に注意を。
本日の記事にはちょっとばっちい表現が
出てくるかもしれませんので、
お食事中の方はお気をつけください（笑）。

さて今日も、母の仕事中に
いつものようにおっぺけぺ劇を始める
長女と次女。

今日は、長女がアリエル
（波にのまれそうになっている）、
次女がちかもろちのお兄さん。
（最近また、「力持ち」と言えない次女です）

そんなキャストで、
相変わらずわけのわからない
寸劇がくり広げられていました。

その途中で、長女がトイレへ。

長女がいなくなっても、
一人おっぺけぺ劇をつづける次女。

※「どこにいりませんか！？」は、たぶん
「どこに行きましたか！？」と、
「どこにいますか！？」と
「どこかにいませんか！？」とかが
まざった造語と思われます。

長女のトイレが長いので、
うんちのようでしたが・・・

最近、長女はうんちのときも
自分でふけるようになってきたんですね。
母が何度も何度もふき方を教えて、
だいぶ上手になってきたの。

しかし、長女はうんちをふくのが
すごく嫌いなようで、
すぐ母にふいてもらおうとするのね。

そのときのセリフが、

「おかあさーん、ぐりぐりうんちだったーヽ(;´Д｀)ノ」

というもの。↑こんな色にするなって？（笑）

ぐりぐりうんち＝やわらかいうんち
ってことで、やわらかかった、と言えば
母がふいてくれると思っている。
なので、やわらかくない、
普通のうんちのときにも
「ぐりぐりうんちだった」と言って
母を呼ぶんです。

そのときも

予想どおりのセリフを言われると
イラっとくる母(`Д´)。

しかも、そのときは仕事中。
「自分でふいておいで！」と
長女をつきはなす！

そのうち、半べそになる長女（笑）。
しかし母は、心を鬼にして
(つーかめんどくさいから)シカトをつづける。

すると、、、、、

1人、おっぺけぺ劇をつづけていた次女がこちらへやってきました。

おおお・・
° ·(ノД｀)·° ·
姉を心配して来てくれたんだね。

そのとき、母は
「スー、意外とやさしいなあ～～」と
ちょっと感動。

でも、母はあえてそっけなく

そしたら次女は・・・

助ける気なし！
((((;ﾟДﾟ)))

いや～、びっくりしましたよ。
次女の中では劇の途中だったんですかねえ。
すごい心配そうな顔してたんですけどね？
演技だったのかしら（；´д｀）

あまりの薄情さに、長女が
かわいそうになり助けにいきました（笑）。

さすが自由人、としかいいようがない、
そんな今日の出来事でした。

おいれ？

おしゃぶり卒業作戦を実行中の
三女でしたが、どうやらもうすっかり
おしゃぶりのことはお忘れになったようで。
あれだけ執着していたのに、
あっけないものです。

その三女（生後１歳もうすぐ５カ月、
薄毛、地蔵顔）は
最近、人のマネばっかりするんですが、
今のお気に入りは

です。

だれかを呼ぶマネ。

大変お気に入りのようで、
しょっちゅう母を呼んだり、姉を呼んだり。
当然、何も用はないんですけどね。
呼ぶだけ。

でも、ふと見ると

ってなこともある。
ヽ(;´Д`)ノこわいよぅ

買い物から帰ってきて
エレベーターに乗ったときにも

こんな感じ。（´Ａ｀）

でもこうやって、ひとつずつ言葉を
覚えていくんだなあ、、と思いました。

あと、もうひとつのお気に入りは「もしもし」。

おもちゃの電話を持つと、すぐ
真剣に話を始めます。

その姿がとてもエラそうなので、
母は電話中の三女のことを
「社長」と呼んでいる。

今日も社長は、
社員と何かを真剣に話している。

でも気をぬくと、、、

こうなってたりする(´A`)。

「ままごとトントン」の、
にんじんの切れ端ですね。

さらに、あるときは

こんなことにもなってる。

ものすごい最先端のケータイなのかと
思ったよ。

ちょっとすっとぼけた
社長のようですね。
でも、いつも一生懸命な三女なのでした。
明日はだれとお話しするのかな。

今日の社長

うちの社長は
今日もお仕事熱心。

電話の中でも一番のお気に入りなのが
母のケータイ。
普段あまりさわらせてもらえないので
スキあらば盗んでだれかとトークしています。

社長、メールの着信音に機敏に反応！

社長、ケータイをオープンするのに
やたら時間がかかります。がんばれ社長！

社長、さよならの挨拶も上手。

片づけも上手。
・・・っておい！！
(((（;ﾟДﾟ)))

社長、力仕事も好き。

気づくと、キッチンに
ぬいぐるみがてんこ盛り。ヽ(;´Д`)ノ
社長、じゃまです！！

社長、テレビの音量を上げる。

社長は耳が遠いようだ。(;ﾟДﾟ)

社長は奇抜なファッションがお好き。

満足ですか、そうですか（´Ａ｀）。

とくに靴は、社長ファッションには
欠かせないアイテムのようで
玄関から好みの靴を選んでは部屋ではいて
たっとぅ〜んしております。

パンツを脱いでもパンツファッション
（マトリョーシカ ）も、
相変わらずお好きなようで、
洗濯機のそばにはいつもパンツが散乱。
キレイなパンツなのか
使用済みパンツなのか！？
それは、社長のみぞ知る。

以上、うちの社長の活躍でした。

生意気ざかり

次女（生後３年５カ月、フリーダム、薄毛）は、
ご存じの方も多いと思うが
生意気なことを平気で言ってしまう。

名言「ハイは１回！」は、
我が家ではもう次女の決まり文句として
定着しております。

彼女の場合、
それが生意気なことだと気づいておらず、
「自分、いいこと言ったな〜」くらいにしか
たぶん思っていないので困りものである。
（；´д｀）

で、こないだのこと。

母が皿を洗っていたら
隣の部屋から次女の呼ぶ声が、、、

母、またかよ・・・(´д｀lll) と、
思わずためいき。

だって、
１日に３回以上は必ず床をふいてるわけ。
ご飯のあとの三女の椅子の下は
すごいことになってるし､おやつのあとだって、
そりゃあもう汚れ放題だから。

まあ、コップを置いときっぱなしにした
自分が悪いんだわ、、、と
心の中で自分に言い聞かせていたとき、
ふと見ると、次女が私をじーーーっと
見ている、、、。

「おかあさん、たいへんそう、、､」と
いわんばかりの、なんともいえない表情で、
床をふく私をずーーーっと見てるわけ。
困ったような顔をして。

ああ、この子にはわかるのね。
いつも床をふいている母の苦労が、、、、。

次女に変な心配をさせてはかわいそうだわ、
と思った母、その場をなごませるために
やさしく語りかける。

そしたら、次女が

お礼待ちかよ！！
(;ﾟДﾟ)

おまえってやつは・・・・

全然、母の心配なんかしてなかった。

あとね、ご飯の支度をしたときに、
お箸を出すのを忘れてたりするじゃない。

そーすると

手でぱれるんですか～～
手ではぱれれませ～ん
はしとってくださいと言え!!!

むーかーつーくー
(｡´Д⊂)

長女は絶対そんなこと言わないのに・・・。
やはり、自由人だなあ、次女は。
と、しみじみ思う母でした。

三女発熱

生まれてからまだ１年ちょいですが
あまり派手に熱を出したことがない三女。
ひっさしぶり～に発熱しております。

オプションでせき・鼻水もついてます。

しかも熱は昼間の時点で39.2度だよ～う、
こりゃアツイ。

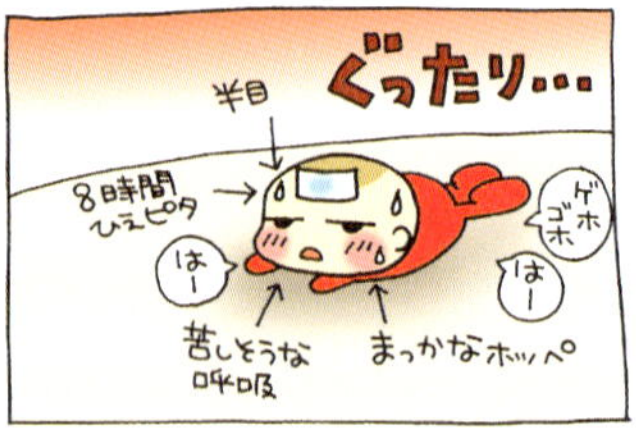
ぐったり…
半目
8時間ひえピタ
はー
ゲホゴホ
はー
苦しそうな呼吸
まっかなホッペ

鼻のまわりは、鼻水がかたまって
かぴかぴなのに
新たな鼻水がたらーりたらーりで、
鼻で呼吸できないから
「はあ・・・はあ・・・」って
まさに虫の息！？みたいな状態でして。

でもさあ～・・・

踊っちゃうんだよね〜
ぱわわっぷ体操
ヽ(;´Д`)ノ

１歳児には、
「寝てなさい」なんて通用するわけもなく。
きっと、何か違うな、、と
疑問を抱きながら踊ってるんでしょうね。
ぴ〜よぴ〜よぴよぴよぴ〜よ♪

でも、踊れるってことは
少しは元気があるってことじゃん？とか
思って油断してると

ちょっと驚く
(((（;°Д°)))

ほんとにつらいんだね・・・じゃ
踊らなきゃいいのに・・・(；´д`)

そんな状態でも
そこはまんま小僧。食欲はあるんです。
すげーな、おまいは。

でも呼吸も苦しそうだし、半目だし。
食べさせたら吐くんじゃないの！？って
心配になってあげるのを躊躇していると・・・

さいそく。

(°　Д　°)え〜〜〜っ・・・

ま、食べてくれれば少しは安心だよね
(* - -)ノ

で、次女には一応、
「チーはお熱だからね」って
言ってあるんだけど
いつもどおりに遊ぼうとしてしまう次女。

ソファでぐったりと寝ている三女に、
自分の芸を披露しようとする。

※「聞こえてて〜」は、
「聞いてて〜」の次女語である。

それをゆーなら
おじぎだ、おじぎ！

しかし、当然ぐったり三女は反応なし。

次女は最後に一言。

だから、熱なんだって。
聞いてられないんだって。

今は、少し機嫌もいい感じで、
お姉ちゃんたちとテレビ見てます。
しかし長女も次女もせきしてるから、
せきの大合唱だな、、(笑)。

あの部屋にはどれだけの菌が
とんでいるのかしら。

とにかく、
小さい子が熱でぐったりしているのって
見ているだけでつらいよね〜。
早く治りますよーに！（。。）

社長 vs. 自由人

三女の風邪について、
お見舞いのコメントを
たくさんありがとうございました。

おかげさまで、昼前には熱も下がって
すっかり元気。（はえ～な～・・・）
鼻水は滝のようですが。

それにしても、
薬を飲んでいるせいで機嫌が悪い！
眠くなって頭もぼーっとするので
イライラするんでしょうか。

怒って、泣いて、
いばりちらすその姿はまさに社長です。

そんな社長の、復帰後最初のお仕事は

トランプをばらまく。
（´Ａ｀）

長女の「たまごっち」の
はしっこのボタン
超長押し。

やめれ、電池なくなる。ヽ(;´Д｀)ﾉ

さて。ご機嫌ナナメの三女は、
イライラが止まらないらしく今日は荒れ模様。

「アンパンマン」のＤＶＤを見ていたら
テレビのアンパンマンに攻撃を始め、
次女に怒られていました。

社長、それは逆ギレ
です！！ヽ(;´Д｀)ﾉ

そこで次女が三女をテレビの前から
どかそうとしたんですが。

返り討ち。

その、三女のたたき方ったら
けっこうすごいのよぅ。
姉たちはもちろん、
お友だちにもたたく人なんていないのに
どーしてそんなことするのかしら。
本能か(´д｀lll)。

でも上の子って、たたかれても
たたき返せないわけですよ。

小さい子たたいたらダメって
わかってるから。
長女vs.次女も、昔同じパターンだったけど、
上の子が泣くんだよねー。

次女も、最近、三女にはやられっぱなし。

で、大きい声で泣くわけよ。
「チーちゃんたら嫌い！
チーちゃんたらヤダ！」って。

そうやって泣いている次女を
じーーーっと無言で見つめる三女、、、、。
その後、どうするかというと、、、、

さらに攻撃しに行く。
(爆)

次女が騒ぐと、よけいにやる。
どうやら三女は、
わかっててやってるんだよねえ。
次女が泣きながら逃げるのを
追いかけ回して楽しんでいる、
まあいわば変態ですね。
「泣け！わめけ！」みたいな、
ベタなアニメの悪者ですよ。ほんと。

近ごろ、毎日同じようなバトル
（というか一方的な攻撃）が
くり返されているんだけど、
今日は三女のご機嫌がナナメなせいか
やたら目についたので記事にしてみました。

つわもの次女も、
三女にはかなわないってことですな。

きれいに飾ろう！

11月ももう終わり。

長女は、おとといくらいから、
「あしたになってあしたになったら
12月！？」
「あしたは12月！？」
と言ってます。

なんで12月になるのを
気にしているのかというと、
12月＝クリスマスなんですね。長女は。

あたしだったら
12月＝お歳暮
12月＝年賀状
12月＝大掃除
って、ちっともおもしろくねーな、
12月！って感じなんですけどね。

で、「クリスマスツリーはいつ出すの！？」
「今日！？」「あした！？」「何曜日！？」
「金曜日！？」←なんでだよ
・・・ってうるさいので、
ツリーの飾りつけをすることにしました。

まずツリーを出して組み立てる。

それだけのことなのに、感動している長女。

まあ、いいんです。
ニュアンスでしゃべる女なので。
ニュアンスで伝われば。

でも、この言い直したのに違うのって、
前にも同じようなことがあったな。
去年かな、、、。

母「おたまじゃくしって、
大きくなったら何になるか知ってる？」

長女「くじら！」（即答）

母「(;ﾟДﾟ) ！！」

長女「ああ、ちがったちがった、いるかだ」

母「? (´д｀lll)　・・・・はぅぅ」
・・・ってなことがね。ありましたよ、ええ。

話はもどってツリーの飾りつけ。

長女と次女は、きれいな飾りを見て
大喜びで歌を歌いながら飾りつけ開始！！

おい社長！！（ ;ﾟДﾟ）

今日も薬で荒れ気味の三女。
かたっぱしから
はずして捨ててました。
ごめんなさい、もう勘弁してください。

最後に、綿を出したらこれまた大喜び。

次女がそれを受けとると・・

かたまりのまま　ヽ(; ´ Д ｀)ﾉ ボーン
飾り方も自由な人ですね。

今日もお勤め
ご苦労さまです!!
社長!!（怒）

そんな感じで、
クリスマスツリーも
キレイに変身いたしました。

ピカピカの電飾もつけたけど、
これって電気代どれくらいなんですかねえ？
つけっぱなしにした場合。
せこいことを気にする母。

きれいでそ〜。

クリスマスまで、
社長にボロボロにされないように
がんばってください、ツリーさん！！
（いくつ飾りが残るかな）

まんま小僧の執念

また今日もキッチンに立つ私のうしろで、
ガサガサと何かをあさる音がする。

まんま小僧である。

カゴの中をあさっては、おやつの袋などを
見つけてきて「あけろ」と要求してくる。

それ、マカロニだけどね。

食べることに関して貪欲な三女は、
食べかけのお菓子の袋などは
自分であけようとする。

↓こういう、輪ゴムのついた袋とか

輪ゴムをひっぱるったらありゃしない
((((;゜Д゜)))容赦ねえ。

三女の、食に関するエピソードといえば
これは少し前の話ですが。

柿を買ってきて、袋のまま玄関に
おきっぱなしにしてたんだけど、
いざ食べようとしたら
そのうちの1個が、ちょっとえぐれた
みたいになってて
「ぶつけちゃったかな、、、」と思って
よく見たら

なんと皮のまま、三女がかじった跡だった。

ヽ(;´Д`)ノ ひー

そのあと部屋を見回すと、

まずかったらしく「ぺっ」された柿が、
てんてんと落ちていました。
勝手なやつだな・・・。

そんな三女、最近はみかんがお気に入り。
袋からひとつ出してきては、、、

皮をむけ、と。

柿のように、そのまま食べたりは
しないようです。
成長しました。

しかし、忙しいときやそれ以上食べさせたく
ないときなどは完全無視です。
どうせ皮むけないんだから、
食べれっこないのでほっときます。

で、静かになったなあと思って見てみると・・・

食ってるし!!!

((((;ﾟДﾟ)))

皮むいちゃってるよ!

ちゃらららっちゃっちゃっちゃ～ん♪
三女はレベルが上がった!
三女はみかんの皮むきを覚えた!
三女の最大HPが3上がった!

ってなわけですよ。

しかし、皮をむくときって最初指で
穴をあけるじゃない?
あれはまだ三女には無理だと思うわけよ。

ここからは母の想像ですが

おそらく彼女は

こうしたんでしょうねえ、、、。
(母の想像なので、多少、表情が
邪悪になっております)

これぞ、まんま小僧の
食べることへの執念ですよ!!
いやーーーー、おそろしい!!

腹をこわさないでくれ、と
祈らずにはいられません。

言いまちがい シリーズ2

次女の、(本人いわく) お勉強中。

なぜおまえにえらそうに
言われなきゃならんのだ

そんな相変わらずの次女ですが、
また、へんてこな言いまちがいをして
いました。

おもちついちゃってます。ヽ(;´Д`)ノ
ぺったんぺったん

なので、母は
「スー、『おもちついた』じゃなくて
『おもいついた』だよ」
と丁寧に教えて差し上げました。

しかし、しばらくしてからまた何かを
思いついた次女は

なんか複雑に
なってる・・・(´Ａ`)

ちなみに、何を思いついたのか聞くと・・・

それはただの思い出です、次女。

あと、最近気になる言いまちがいは

どうなのよ、これは。

それを聞いた長女は
「スーが、１個のこと、いっこつだって～！
(＞＜)」とケラケラ笑う。

長女よ、そんなおまえも２歳のころ
長靴のことを

と言っていましたよ　(ノД`)アイター

オマケ。

ちょっと細かい話だけど次女は
「○○かと思った」というところを
「○○とか思った」って言うんですね。

で、まちがいを指摘すると

「○○かととか思った」
って、余計へんてこになるのね。

言いまちがいも、放置がいいのかもしれない
と思う母なのでした。

本日の次女のお勉強内容

サンタさんにお願い

こないだの朝、ダンナが
いつまでも起きないのでほっといたら、
娘たちの朝ご飯が終わるころに
起きてきた。

もうお父さん聞いてないよ?(。。)

さて、そんな長女。
クリスマスのプレゼントには、
「アクアビーズ」という
ちまたではやりの(←いや、知らんけど)
水でくっつくビーズを希望しております。

ほんで、サンタさんにはりきって
手紙を書いていました。
「さんたさん。え。

あくわびいずお。ください。

クリスマス。いぇ〜い。
やった〜。きれい。ゆき。もふって。」

という、また「。」の多い手紙を。

で、手紙の真ん中にセロハンテープで
一生懸命リボンまでつけて。

細かい細かいツリーの絵までかいて・・・。

次の日見たら、コタツの上に放置((((；ﾟДﾟ)どーん

しかもスーパー無造作に。

まあいいんだけどさ。

そんなことがあった数日後、
近所のデパートのおもちゃ売り場に
(母の下見も兼ねて)アクアビーズを
見に行った。

そしたら、アクアビーズって
いろんな種類があるのね。
ドラえもんを作れるやつとか、ウサハナとか。

いきなり泣きだす長女。

どーしたのかと思ったら
「ウサハナのが欲しい」と。

まだサンタさんに出してないんだから、
大丈夫だと言っているのに
ぴーぴー泣く長女。

コタツの上にどうでもいいみたいに
置いてあったあの手紙が
そんな重要文書であったとは・・・
だれが想像できたであろうか。
できるわけねーよ!

そして最後に

「もうだめだ!」と思ってしまうと
「だめ」なんですよね、長女の場合。
わーーっとあわててしまう。
このへんも、要領が悪いところだと
思います。

まあ、家に帰ってふと見たら、
「あくわびいずお。ください。」の
下のところに「↑うさハなつき。」

って、書き加えられていましたが。
一応、まだ大丈夫だということが
わかったようで。

つーか、そんでまたそのまま
放置なんだけどねヽ(;´Д`)ノ

ちなみに長女は、一度欲しいプレゼントを
決めるとほかのどんなおもちゃを
見ても変わらない。

そこも、思い込みの激しさを
あらわしていると思います。
自分はアレをもらうんだ、
と思っちゃったらもう絶対なわけ。
まあアレコレ言われないで母は
ラクですけどね。

さあ、クリスマスの朝、
長女はどんな顔するのかな。

社長の置き土産

今日は、みなさまにご報告しなければ
ならないことがあります。

三女が武勇伝を更新いたしました。

どんな武勇伝かっつーと、
今もっとも旬なクリスマスツリーを
使った荒業だよ!!

たぶん、いつものように下のほうの飾りを
いじっているうちに
とろうとして引っ張り始めて、、、、、

どさーーーーーって音とともに、

家族が見守る中・・・・

社長・under the tree
です。

みなさん、under the tree っていうのは

↑こういうのばかりじゃないんですねえ。
勉強になりましたね!

ではみなさん、久しぶりに、ご一緒に!

ぶゆうでんでん でーでんでん、レッツゴー！
チーちゃんかっこいー！

そんなかっこいい三女の
近ごろの日課は、新聞を運ぶこと。

朝、父から新聞を受けとると
大喜びで運びます。

なぜか、途中で捨てます。

ヽ(;´Д`)ノじゃあ受けとるなよ!

自分でやったのに「あーあ」です。
これぞ社長。責任転嫁がうまい。

あと、ここ数日の間にあったことなんですが

みかん・・・・ですか・・・。

どうやら社長の置き土産。

袋からみかんを出して
持ち歩いているわりには、
「食べたい」と言ってこなくなったなあ、
と思っていたら
こんなことをしていたんですね (;゜Д゜)
一体なんの意味が・・・・

で、昨日は長女が寝ようとして
布団をめくったら

ここにも!!(;゜Д゜)

みかん、ホカホカですよ。

ふまなくてよかったなあ〜。

今の三女の趣味なんでしょうか。
みかんの置き土産。

どこか知らないところで、ひっそりと
みかんが腐ったりしていないことを
祈るばかりです。

長女の過去

うちの長女、
今でこそこんな

フーちゃんね、大きくなったら妖精になるの!!
それで虹の国にいってね、お星さまをたくさんつかまえるの!!

という、よく言えば夢のある子、
悪く言えばアホな子に育ったわけですが、

1歳のころの長女というのは・・・

ぐるるる

極悪人でした
ヽ(;´Д`)ノひー

※見てくれが三女そっくりなのは、
ほんとうにそっくりだからです。

ちなみに極悪レベルは5でした。
(かなり危険)
具体的にいうと、喜怒哀楽が激しすぎて
親もお手上げヽ(;´Д`)ノ
・・・という感じ。

泣くときは、壁に頭をうちつけて号泣。

ぎゃーーす
ゴィン
ゴィン
か、壁がこわれるっ
そっちか!!

もちろん抱っこも拒否!
こうなると、ほっとくしかありませんでした。
(゜ロ゜)こわ〜・・

そして怒ったときはかみつく。

がぶり
ぐるるるる
ぎゃーー

犬か?　おまいは。(;゜Д゜)

そして、極悪人のくせに
めちゃくちゃ憶病者だった長女。
(あ、憶病は今もですけど)

テレビにちょこーっと暗い場面とかが
出てくるだけで、
だーーーっと走ってテレビから離れた
壁のうしろに隠れて、

泣きながらあぱち!!　届かねーよ!
※あぱち=アンパンチ

しかし、その場面が変わらないと

悲鳴に近い声で泣く。
(゜ロ゜)落ち着いてください!!

さらに2歳の豆まきのときの話ですが、
一応鬼のお面があったんだけど
憶病なのはわかってたので
「こわがらせるのはやめよう」と
いうことになって、
長女が保育園で作ってきた
お面を使うことにしまして。

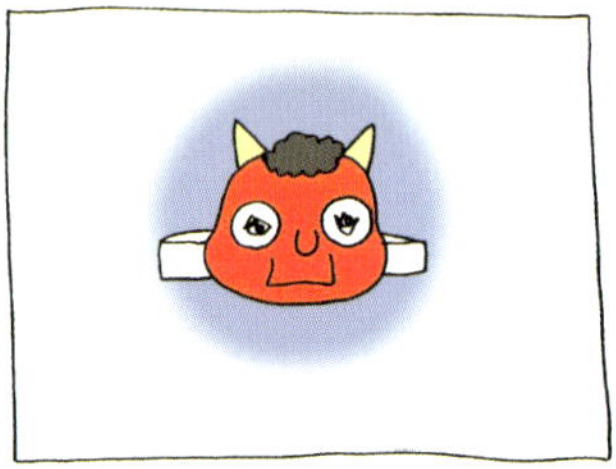

↑こんな、目と口をクレヨンで描いた、
なんともまぬけづらのお面だったんですが。
自分で作ってきたものだから大丈夫だろう
と思って父がそれをつけて登場したら、、、

そりゃあもう、大変なあぱちでした。(;゜Д゜)
おまえ作なのに!!

しかも、そのあと
「とーと!!　とーと!! (お父さん)」と、
父に助けを求める長女。
その変なお面つけたのが
おまえのお父さんだよ!

・・・とまあ、そんな子でした。

次女の過去

昨日は長女の過去だったので、
今日は次女の過去を。

うちの次女、
今でこそこんな

えー〜スー やりたくない
やりたく ないから やりたく ないの いーでそ、べつに

という、フリーダム@ゴーイング
マイウェイですが、

1歳のころの次女というのは、、、、

ピカー

菩薩でした。

(゜ロ゜)ま、まぶしい・・・
※見てくれが三女そっくりなのは、
ほんとうにそっくりだからです。

極悪人を育てている真っ最中だった
母にとって、次女の存在は
まさにアンビリーバボー、
アーンドミラクルでした。

ちなみに菩薩レベルは9です。
(かなりありがたや〜)

ちょ…おとーさんっ
みて!! ねてる!! 一人で!!

まず最初にびびったのが、
抱っこしないで勝手に寝ること。
最初のうちは、もう死んじゃったんじゃない
かと思ったくらいびっくり(笑)。
勝手に寝るなんて、長女ではありえない。

だから次女は生まれてから今までに、
抱っこで寝かしつけをしたことがないのよ。
それってすごくね?
しか〜も、起きたときに泣かない。
だから、起きたときにも気づかないわけ。
いいんでしょうか。(゜m゜;)

そして、お友だちにおもちゃを
ぶんどられたりしても

ぴかーーーっ!!

(;゜Д゜)ぽ、菩薩の微笑み、、、。
怒りもしないし、泣きもしない。いいのか！
おまいはそれでいいのか！

そのころまだまだ極悪真っただ中だった長女も、妹はよくかわいがってくれましたが
扱いが下手なもんでよく転ばせていました。

おいおい、被害者はどっちだい？
ヽ(;´Д`)ノ絶対スーのほうが痛いよ、、、

そんな姉の押しつけがましい愛の犠牲に
なりながらもいつもつつましく、
おとなしかった次女。

そのほかの菩薩ポイントとしては

・夜泣きをしたことがない
・おっぱい・ほ乳瓶・なんでもござれだった
・おしゃぶり卒業の夜も泣かなかった
・オムツは2歳前にはずれた

といったところです。
これを菩薩といわずなんとする。

ほんとーーーにラクして育てちゃって、
「なーーんだ、これなら何人生んでも
いいんじゃね～の」
って調子ぶっこいてたら出てきたのが

これですからね・・・(；´д`)
うまくいかないものですな。

ま、それに、今となっては次女も
生意気な自由人。
あのころが懐かしいでございます！

おっぺけ度上昇中

まず、どこを見ればよかったのか。
そして「ここみここ」とはなんでしょうか。

冬らしい毎日がつづき、
気温もどんどん下がってきていますが
長女のおっぺけ度は今日も上昇中です。

最近なぞなぞがお気に入りの長女は
すぐ問題を出してきます。

ずいぶんおおざっぱな問題だな、、、
(´д｀lll)
答えも何通りもありそうな、、、

注意。
長女の出す問題は、チャンネルおっぺけに
チューナーを合わせないと
答えることはできません。

ほかには

「かめはかめでも、食べられないかめは？」

A：カメラ

その前に食べられるかめを出せ

「"マイメロディー"に似たお名前はなんだ？」

A：ウサハナ

似てねーよ！

そんな長女ですが、
こないだ突然

と言いだした。

おお！！(ﾟロﾟ)なんか、
思いもよらないことに興味をしめしている！
こういう、「なぜなに？」と思う気持ちって
大事よね！

そこで、
「フーちゃんは、
お皿が何でできていると思う？」
って聞いてみたら・・・

答えも、思いもよらないものだった(((;ﾟДﾟ)))
ありえねぃ

しまった、お母さん、チャンネルおっぺけに
チューナー合わせてなかったよ～！
だからもうびっくりしちゃって
びっくりしちゃって
そのあとの言葉が
見つかりませんでしたわ！！
コショーってあなた。すごい発想ですよ！

あなたのおかげでお母さんの体温も上昇よ。

オマケ

三女の冒険 ドラクエ風

今日は、三女の日常の行動を
ドラクエ風にお届けします
（ドラクエ知らない人は
雰囲気でお楽しみください）。

名前　　チー
職業　　社長
Ｌｖ　　　２

チーは洗面所のラックを調べた

姉のパンツを見つけた！

装備する　←
捨てる

チーは姉のパンツを装備した！
みのまもりが3上がった！
かしこさが1下がった

次女があらわれた！

次女はまだこちらに気づいていない

攻撃
防御
逃げる
呪文
どうぐ
じゃまする　←

チーはテベリの前に立った！

次女はいきりたってチーに
おそいかかってきた

チーの攻撃！

次女に16のダメージ！

次女を倒した！

チーはテレビの特等席を手に入れた！

母があらわれた！

攻撃
防御
逃げる　←
呪文
どうぐ

しかし回り込まれてしまった！！

母は「ごめんねしな！」をとなえた！

チーは「ごめんね」をした！
次女はゆるしてくれた！

てれれれってってってって〜ん♪

チーはレベルが上がった！

チーのみのまもりが1上がった！
チーのかしこさが1上がった！

チーは「謝れば済む」を覚えた！

こうしてチーは、また新たな旅へと
出発する、、、、

END

三女の冒険、いかがでしたでしょうか。

つかね〜、ホント最近、怒られる！
ってのがわかると逃げようとしたりね、
なかなかかしこさがアップしてきてますよ。

また、続編にもご期待ください。

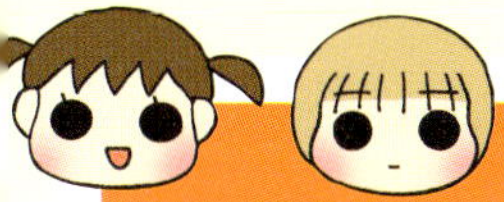

ケンカの仲裁

長女と次女はあんまりケンカみたいなのを
しないんだけど、
たまーにくだらな～いことで
言い争ったりしている。

その日も、おっぺけぺ劇場を始めようと
していたんだけど、
長女は「幼稚園ごっこ」をしようと言い、
自分は先生、スーの役は「るるみこ」だと
勝手に決めてしまった。

注意：コメントに、「るるみこ」って
なんですか。と書かないでください。
私も知りません（笑）。

スーは、「るるみこヤダ、スーはネコがいい」
といったけど
長女は「幼稚園にはネコはいない」と。

一応、長女も譲歩を見せて
「るるみこが嫌なら、ちしゃみでもいいよ」
と提案したが受け入れてもらえず。

そしてとうとう

となった。

で、すぐ言いつけにくるのは次女。

あきらかに自分が悪いときでも平気で
チクリにくるんですねえ、このおバカさんは。

言いつけられるとあせるのは長女。

「ちょっとまったーーー！」の勢いで
割り込んでくる。

そんで、ふたりして
自分の無実（？）を訴えつづけるわけです。

ここでだいたい、母がキレる。ブチ

ぎゃーぎゃーうるさい姉妹ゲンカの
仲裁をするために母が言う一言とは、、、、

(((（;ﾟДﾟ)))
(((（;ﾟДﾟ)))

私、基本的にめんどくさがりなので、
すぐ脅します。
よいお母さんはマネしないでね☆

ちなみにこのセリフはなかなか
効き目が強い。

ふたりは抱き合って号泣。

小さいのと名前は関係ないだろう

長女「スーがいなくなったら
フーちゃん悲しすぎるから！！」
次女「加藤さん嫌い～！！」
（全国の加藤さん、すみません。
次女の誤解はといておきます）

こうして、ふたりは
めんどくさがりの母の仲裁によって、
無理やりお互いの愛を
再確認させられるのでした。

ちなみに、
「伊藤さんっていうおばあちゃんが
孫欲しがってるから」
というパターンもあります。

姉の背中を追いかけて

けっこう後追いして泣くことの多い
甘えっ子（別名うざいっ子）の三女ですが、
最近では母を追いかけるよりも姉たちを
追いかけることのほうがふえてきました。

どうやら、お姉ちゃんたちがやっている
遊びに入りたいみたい。
しかし、長女と次女は、
そんな三女の想いに気づいていない様子。
いや、だってほら、すごい自分たちの
世界じゃない？　あの人たち。
るるみこになっちゃうわけだからさ。

今日も三女は、一方通行な想いを胸に、
姉たちを追いかけています。

布団の上で遊ぶ姉ふたりを発見！！

自分も仲間に入れてもらおうとする。
えいし。

残念！！　空振り！(°ロ°)

意外と素早い動きを見せる姉たち。
三女は追いつくことができるか？

は！　今度は何かが聞こえてきた！

マラカスふって歌っている！！
そうだ、仲間に入れてもらおう！　えいし！

時間切れ、惜しい！ヽ(;´Д`)ノ

同じ舞台に立てたと思ったのもつかの間、
姉たちは今度はお絵かきを始めました。
せわしないですね。ももこたち。

よし、お絵かきなら入れてもらえる！
と必死で椅子によじ登る三女。
えいし！　えいし！

やったー！　真ん中に入れてもらった！
(無理やり入った)
・・・・と喜ぶ三女だが、、、

ハイ、終了〜〜〜 カンカンカン（。。）

仲間に入れてもらうには、
まだちょっと早いようですね。

もちろん、まだ早いと思いつつ
母の「一緒に遊んであげてよ！！！！」
という無茶なお願いが炸裂することも
ありますが。
(長女は困り果てながらも、
一緒に遊んでくれます)
↑母がこわいから（笑）

もう少し成長してくれたら、
３人で楽しく遊べるように
なるんでしょうな。
早くそんな日がこないかな、、、と
今日もラクすることばかりを
考える母なのでした。

父に質問してみました！

Q 子どもが3人いてよかったナ～と思うことは？

にぎやかで退屈しないこと。
大きくなってからみんなで
人生ゲームができるかと思うと、今から楽しみ！

Q 「ああ、やっぱりオレの子だ！」と思う瞬間は？

長女が何かに入り込んでしまっているとき、
どんなに呼んでも聞こえない状態で、
自分そっくり。
ちなみに次女は完全にぷりっつ似です（爆）！

Q 結婚してよかった～と感じるシチュエーションは？

布団に入ってからも、
寝るのを忘れておしゃべりしているとき。

Q 奥さまをかわいいなあと思うのはどんなとき？

オナラをガマンしておなかが痛くなってるとき～。
出しゃいーのに（笑）。

Q 奥さまをコワ～と思うときは？

なんでもかんでもなくす人なんですが、
それをほんの少しでも責めると、
ものすごく逆ギレされます・・・。

Q 万馬券が当たったら、何をする？

さらなる万馬券をねらう！！！！

あとがき

「うちの３姉妹」のブログを始める少し前までの私は、ブログというものが世の中ではやっているなあ、というのをなんとなく感じていたくらいで、実際にはあまり興味もなかったし、普通のHPとの違いというのも全然わかっていませんでした。

あるとき軽い気持ちで趣味の競馬のブログを始めてみたら、同じ趣味を持つ人とのつながりが簡単に広がることに感動し、「こんなにおもしろいなら他にも何かやってみよう」と思って始めたのが「うちの３姉妹」でした。

「育児日記」がつけたかったわけでもなく「育児法の紹介」をしたいわけでもない。ただうちの娘たちの言動を一緒に笑い飛ばしてほしい、という気持ちで始めたブログです。だからジャンルとしては「育児」じゃなくて「お笑い」なのかもしれません（笑）。そういうわけで、「育児書」ではないということを頭において読んでいただけるとうれしいです。(^_^;)

「ネタが豊富でいいですね！」とよく言われますが、その豊富なネタもアンテナを立ててないと拾えなかったり、なんとなく聞き流しているとあっという間に忘れてしまうんですよね。子どもって、普通にすごいネタを作り出してしまうから。なので、最近の私は子どものほんのちょっとした一言でも、その場でさっとメモをする癖がついてしまいました（笑）。そうすることで、逃したくない子どもの一言や、あっという間に成長してしまうこの子たちの「今」を残すことができるわけだから、結果的には「育児日記」みたいな形になるのかもしれないなあ・・・なんて思いつつ、将来子どもたちがこの本を読んで一緒に笑ってくれることを期待して、今日もしっかりアンテナを立てている母なのでした。

ここまで読んでくださったみなさま、ほんとうにありがとうございました！　今後も、うちの３姉妹の成長を見守りながら、この子たちの日常を一緒に笑い飛ばしていただけるとうれしいな、と思います。

著者プロフィール

松本ぷりっつ

1月12日、埼玉県生まれ、血液型O型。短大卒業後、幼稚園に勤務。翌年、「ザ・マーガレット」で漫画家デビュー。幼稚園に勤めるかたわら、漫画家としても活動。その後結婚を機に幼稚園を退職、家事育児をこなしながら漫画家の活動も続ける。2005年、ブログ「うちの3姉妹」を開設、たちまち「育児部門」第1位となる。2008年4月からテレビ東京他でテレビアニメ「うちの3姉妹」がスタート。趣味は趣味を増やしては飽きること。将来の夢は競走馬の牧場主。

うちの3姉妹　ブログアドレス
http://ameblo.jp/3shimai/

デザイン　森デザイン室
校正　井上裕子
編集担当　遠藤清寿（主婦の友社）

うちの3姉妹

平成18年　5月20日　第1刷発行
平成21年　3月20日　第14刷発行

著者　松本ぷりっつ
発行者　神田高志
発行所　株式会社主婦の友社
〒101-8911
東京都千代田区神田駿河台2-9
印刷所　凸版印刷株式会社

ISBN978-4-07-251630-0